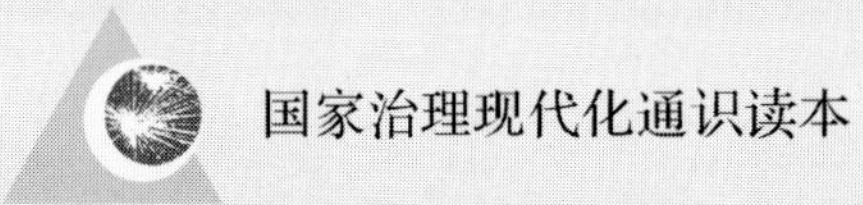

善治国家的基本理念

重庆社会科学院社会公平正义研究中心

图书在版编目(CIP)数据

善治国家的基本理念：国家治理现代化通识读本／重庆社会科学院社会公平正义研究中心著．—北京：中国社会科学出版社，2015.7

ISBN 978-7-5161-6551-5

Ⅰ.①善… Ⅱ.①重… Ⅲ.①国家—行政管理—现代化管理—研究—中国 Ⅳ.①D630.1

中国版本图书馆 CIP 数据核字(2015)第 160006 号

出 版 人 赵剑英
责任编辑 冯春凤
责任校对 张爱华
责任印制 张雪娇

出　　版 中国社会科学出版社
社　　址 北京鼓楼西大街甲 158 号
邮　　编 100720
网　　址 http：//www.csspw.cn
发 行 部 010-84083685
门 市 部 010-84029450
经　　销 新华书店及其他书店

印　　刷 北京君升印刷有限公司
装　　订 廊坊市广阳区广增装订厂
版　　次 2015 年 7 月第 1 版
印　　次 2015 年 7 月第 1 次印刷

开　　本 710×1000 1/16
印　　张 14
插　　页 2
字　　数 194 千字
定　　价 55.00 元

凡购买中国社会科学出版社图书，如有质量问题请与本社营销中心联系调换
电话：010-84083683

《善治国家的基本理念》

总 策 划：胡　波

作　　者：胡　波　吴大兵　谭　成

刘富胜　甄　真　杨　姝

统　　稿：胡　波　肖长富

目　录

前言　走向善治国家

善治作为一个政治学概念，它最基本的含义就是指国家的良好治理（good governance），从而也代表了人类对于可欲求的理想社会的共同愿望与追求。善治又是一个历史变化的概念，在现代政治文明语境中，善治至少包含这样一些基本含义：公民权利的保障、公平正义的实现、公权力的良好运行和公共利益的最大化。若从政治制度和治理方式来看，现代善治理念又特指民主与法治，以民主作为基本政治制度和以法治作为根本治理方式的国家治理就是善治。善治的概念尽管具有多义性，但其最基本的意义则是共通的、不变的：善治必须以增进全体人民利益为出发点和着眼点，任何不能造福全体人民或有损人民利益的国家治理都是非善治的。

毫无疑问，国家的善治是全世界、全人类共同追求的理想目标，也是走在现代化道路上的中国所要追求的社会首要目标。推进国家治理现代化，根本上就是为了实现国家的善治，这又是实现国家繁荣富强、文明进步的首要前提。在此意义上，我们认为，中国梦是包含善治梦的，追求善治梦是追求中国梦的应有之义。

当我们把“善治国家”确立为本书的主题词时，我们的脑海里浮现的另一个关键词就是“中国”。我们深深关切的是当今中国的现代化历程与道路，尤其是在这个现代化进程中如何实现国家的良政善治问题。为此我们希望能在有关基本思想理念的梳理、传播方面做一些工作，从而为推动国家的发展与进步贡献我们的一份力量，这也是我们设计本书乃至整套读本的初衷和立意所在。

国家治理现代化是当今世界大势和历史潮流，而我们要从传统政治形态转向现代政治文明，这又无疑是一次根本的、巨大的历史转折。对此我们须有清醒的认识和理性的思考，特别是要在以下几个问题上保持清醒而正确的认识。

首先，推进国家治理现代化，就必须与传统社会“人治+专制”的政治形态彻底决裂。传统社会的基本政治形态是“人治+专制”和国家本位主义的，在这样一种现实政治土壤中生长起来的传统政治文化，其基调和底色自然也是主张人治、专制、国家本位和威权之治的。这就意味着，传统的政治形态和政治文化，对于当今中国所需建立的法治、民主、权利本位和正义之治等，其实是格格不入和根本对立的。如果我们想要在传统的政治实践与政治文化中寻求当今实现国家善治的“密码”或“秘方”，这样做无异于缘木求鱼、南辕北辙，既不可能成功又是完全错误的。现代化本身就意味着对传统社会的根本变革，即使传统政治在一些技术层面上尚有可资借鉴的地方，但技术层面不过是细枝末节，从根本上看现代化必然是对传统政治的克服与超越。

其次，推进国家治理现代化，既需要借鉴世界上先进国家的经验，又需要立足本国实际寻求自身发展的具体道路。世界各国的现代化进程并不是同步的，走在前列者自然就会成为后来者学习的榜样，而后来者也需要向先进者学习，在先进者影响下开启自己的现代化进程，这是整个世界现代化发展的一种普遍规律。然而，各个国家又有各自的社会现实状况，它们既有的经济、政治和文化条件的差异性，决定了各国现代化发展的具体道路与方式是各不相同的，并不存在完全一致的统一模式。我们需要向先进者学习，但这不等于跟在别人的后面亦步亦趋、照搬照抄，而是应在国家治理现代化的基本理念指引下，既借鉴和参考先进国家的成功经验，更着力于结合本国实际走出自己的现代化道路。

最后，推进国家治理现代化，还需要以当今时代普遍的国家善治理念为指导。尽管各国现代化的具体道路可以不同，但“国家治理现代化”及其“善治”目标作为当今人类共同追求的理想状态，又具有普遍一致的基本价值取向、特征和标准等，从而构成了有关现代国家善治的一些基本理念。这些基本的善治理念既反映了全人类共同的社会理想意识，又表征着有关国家善治的普遍性真理，从而是我们推进国家治理现代化应当树立的思想范导。不容否认，世界各国特别是一些先进国家在实现自身现代化的道路上，为寻求与建构有关国家良政善治的普遍性真理作出过积极而重要的贡献。这些具有普遍真理性的思想理念不是任何国家、政治集团的思想专利，而是属于整个人类的思想财富，它们对所有人类的实践具有普遍的指导意义，也可以由人类的任何一部分加以补充与完善。

推进国家治理现代化，根本上是要追求善治目标，这就离不开有关善治的基本思想理念的指引。我们认为，围绕着国家的善治至少应有五大基本理念，它们分别是：社会正义、民主政治、法治社会、权利保障和权力制约。这五大理念也就构成了善治国家的五大特征。

“社会正义”是善治国家所须追求的核心价值理念。国家的善治必须是正义之治，非正义而不成其为善治，善治国家应将实现社会的公平正义作为自身追求的首要目标。社会正义理念又内含了自由与平等两种基本价值，这意味着自由与平等都是社会正义所要求的，二者不可偏废，只有自由与平等目标的共同实现，才是完整意义上的社会正义的实现。社会正义还包含了“政治正义”与“分配正义”两个基本层面：政治正义是政治德性的总称，它是构成社会正义的核心内容，没有政治正义就不可能有社会正义；分配正义则事关人们的切身利益，它是整个社会正义的基石，社会正义必须建立在分配正义的基础上。

“民主”与“法治”理念；一个表征着善治国家的基本政治制度；一个表征着善治国家的根本治理模式。民主制度可以最大限度地降低政治风险，避免革命与反叛，更重要的是，它可以保证人民当家做主，实现公民的政治权利，这是民主政治的根本正当性与合法性所在。公议民主与票决民主是民主程序的两个基本环节，票决民主环节要以公议民主环节为前提，才能更好地将民主与公共理性相结合，它们中缺少了任何一方面，民主都是不完备的、有缺陷的。法治的要义在于国家的最高治权归于宪法与法律，即法律至上而不是执政者权力至上，这是法治与人治的根本区别所在。法治必然优于人治，只有实行法治才能最大限度地防止权力腐败、维护社会公正，这正是法治的巨大优越性与正当性所在。民主与法治相辅相成，民主必须与法治相结合，才能共同为国家的善治提供根本保证。

"权利保障"与"权力制约"代表了善治国家的两个重要特征。公民权利是现代政治文明中的一种重要设置，其目的就是要通过权利来限制权力，防止任何强权（包括公权与私权）对公民个人的非正当侵犯。广义的公民权利包括：生存权与发展权、人身自由和思想言论自由权、公民的政治权利。公民权利需要通过法治的根本途径来加以保障，并且保障公民权利也是公共权力机构的一项基本职责。权力制约是确保公权力发挥其应有的正当功能，并防止其被滥用而作恶的根本途径。没有约束的权力必然作恶，或者导致贪腐肆虐而破坏社会公平，或者形成专制暴政而迫害人民。实行权力制约关键是要对权力进行有效规范与约束，这又需要建立起全方位的权力制约机制，包括（法律）制度规范与约束机制、权力间相互制衡机制、广泛的社会监督机制。

思想理念是实践的先导。古人云：先立乎其大者，其小不能夺也。基本理念是管总的、根本的和大方向的东西，只有先确立起了正确而清晰的国家善治的基本理念，才能为我们推进国家治理现代化的实践提供有益指导。希望本书能够对宣传有关国家善治的基本理念有所尽力，这也是我们的初衷所在。

胡波

2015 年 3 月于重庆渝北

第一章　公平正义

一　正义、公平的基本概念

“公平正义”是善治国家的核心价值理念。正义在最一般的意义上，指的是社会“所有价值或德性的总和”，因此正义是善治国家的首要德性，社会正义的实现就意味着各种社会基本价值的共同实现。公平的内涵包含了“应得”与“平等”两个原则，二者缺一不可，只有它们的相互结合才是公平的。尽管人们通常习惯于将公平、正义相提并论，实际上公平与正义是两个相互区别又相互联系的概念：公平是构成社会正义的第一要义，没有公平就没有正义；但公平又涵盖不了正义的全部，正义包含了公平，但不仅仅等于公平。

1. 正义是一种综合性价值

“正义”一词通常是用来指国家和社会这类公共主体的。在最一般的意义上，正义是一个价值总称概念，它指的是社会“所有价值或德性的总和”。进一步而言，正义应是指社会各基本价值间的协调整合、兼容共存状态，因此它特别强调要兼顾社会各种基本价值追求而不可有所偏废。

说到正义，历史上的思想家们大都对之称赞有加，如柏拉图把正义确定为他的《理想国》一书的主题，称其“整个研究的对象就是正义”[①]；亚里士多德认为正义是“所有德性的集大成者”，“它比星辰还要光辉”[②]；当代著名政治哲学家罗尔斯则称“正义是社会制度的首要价值，正像真理是思想体系的首要价值一样”[③]。一方面是思想家们对正义高度的肯定与重视；另一方面在大多数普通人看来，正义却是一个相当抽象而难以把握的概念，人们说到正义时往往都有一种“似晓非晓、难以言表”的感觉。其实不管正义的含义有多复杂和抽象，我们关键是要搞清楚它所指称的主体及它所具有的最一般含义是什么，这样就可以大致了解正义是一个怎样的概念。

首先我们需要明确的是正义所指称的主体是什么。任何一个价值概念都要关涉一定的价值主体，都是对一定价值主体的描述，正义也不例外。在政治哲学的视域内，正义所关涉的主体就是国家和社会，包括其中的各种政治设置（制度和机构）和政治行为等。就是说，“正义”一词通常是用来指国家和社会这类公共主体的，而不是用来指个人主体的，因此我们常说一个国家或社会是正义的或不正义的，但不说一个人是正义的或不正义的。不过在历史上，“正义”一词也曾不分公共主体和个人主体，它既可指国家也可指个人，古希腊就有“城邦正义”与“个人正义”之说。后来随着政治哲学思想的发展，公共伦理价值与个体伦理价值逐渐区分开来，正义就专用于指国家和社会而不再用于指个人。当需要说到个人时，“正义”则换成了“正直”“崇高”这样的一些字眼。

之所以会有这样的区分是不难理解的：国家或社会跟个人毕竟是两类非常不同的主体，有关国家或社会的伦理价值就跟有关个人的伦理价值是有很大不同的，所以需要用两套不同的伦理价值概念

① 《柏拉图全集》第 2 卷，人民出版社 2003 年，第 405 页。

② 《亚里士多德选集》伦理学卷，中国人民大学出版社 1999 年，第 103 页。

③ ［美］罗尔斯：《正义论》，中国社会科学出版社 1988 年，第 3 页。

来加以区分与表述。以我们今天倡导的社会主义核心价值观为例，它实际上就包含了以国家和社会为主体的公共伦理价值和以公民个人为主体的个体伦理价值两个部分，其中，富强、文明、民主、法治、自由、平等、公正、和谐就是用来指国家和社会的，而爱国、敬业、诚信、友善则是用来指公民个人的，这两者之间不容相互混淆和替换。“正义”一词既然用于指国家和社会，它就不再适合用于指个人了。

了解了正义所指称的价值主体，我们就可以进一步来了解正义的最一般含义是什么。人们通常会觉得，比起自由、平等、和谐、尊严和幸福这些价值理念，正义似乎还要更抽象和难以把握一些，因为其他价值理念都有某种确定的一般含义，譬如，自由在最一般的意义上可以理解为“免于强迫”和“出于自身”，平等则可以理解为“受到一视同仁的、无差别的对待”，但正义似乎没有这样一种一般的含义。正义可以指的事情多种多样：公平交易是正义的，“各尽其职、各得其所”是正义的，“罪有应得”也是正义的；自由与平等是正义的，社会和谐是正义的，人民生活得有尊严而幸福更是正义的。那么正义究竟有没有一个统一的最一般含义呢？对这个问题需要分两步来回答：首先，正义必须有其最一般的含义，因为这是任何清晰明确的概念所要求的；其次，正义的一般含义又与其他价值理念不同，因为正义不是一种普通的价值，而是一种比较特殊的价值，其特殊性就在于它不是某种单一性价值，而是涵盖了所有价值的价值。正义的这种综合性、总体性特点就决定了它是一个价值总称概念，因此它的一般定义也就必然要体现这种综合性、总体性特点，正义的最一般含义就应是社会“所有价值或德性的总和”。

对于正义所具有的这样一种价值综合性、总体性特点，古希腊的亚里士多德最早对其进行了阐释。亚氏指出，正义“集一切德性之大成”，它是“最完满的德性”，“不是德性的一个部分，而是整个的德性”；[①] 并且正义既然是一种“总体的善”，它也就构成了“人间的至善”，而这正是“政治学术所要追求的最高目的”。[②] 继亚里士多德之后，尽管不同的思想家从不同角度、不同层面对正义概念进行了更多的揭示与阐述，但他们大都在最一般意义上承续了亚氏的观点，把正义看作是一种综合性、总体性价值，这也是正义与其他单一性价值的最大区别所在。

进一步而言，正义更深层的含义是指社会各基本价值间的整合协调、兼容共存状态。社会价值是多元的而非单一的，并且这些价值之间又存在着一定的矛盾与冲突：譬如，对绝对自由的追求就会有损于平等，而对绝对平等的追求又会有损于自由；而无论是对自由还是对平等的追求，超出它们各自的合理限度又都会有损于公平。正是由于价值间内在矛盾和张力的存在，我们就必须考虑如何整合与协调它们的问题，而正义就是用来思考对各种价值进行整合与协调的概念。正是在此意义上，正义也被看作是一个由各种价值派生出来的价值，是包含了各种价值实现的价值。正义概念也因此而特别强调，必须兼顾各种社会基本价值追求而不可有所偏废，无论是片面追求自由而有损于平等和公平，还是片面追求平等而有损于自由和公平，这些片面的价值追求都是不正义的，因为正义本身就意味着对价值片面性的克服与超越。

2. 正义的价值导向与规范功能

正义属于价值范畴并表征着一种价值真理。价值真理回答的是有关人类和社会的“应然性”问题，它对人类实践具有价值导向与规范的作用。具体到社会正义而言，其价值导向与规范功能主要体现在：一是为人类社会的总体发展树立基本价

---

① 《亚里士多德选集》伦理学卷，中国人民大学出版社 1999 年，第 103—104 页。

② ［古希腊］亚里士多德：《政治学》，商务印书馆 1965 年，第 151 页。

值目标；二是为人类社会生活各领域提供应遵循的基本规范原则。

正义作为一种综合性、总体性价值，它通常被视为国家或社会的首要价值或德性。譬如，罗尔斯就声称“正义是社会制度的首要价值”，当代另一位著名政治哲学家斯特劳斯也说：“如果从个人角度看构成道德美德之顶峰的是灵魂的崇高，那么从国家角度看构成道德美德之顶峰的便是正义。”① 正义作为首要价值看来是毋庸置疑的，但人们仍心存困惑的是：正义作为一个表征社会首要价值的概念，它对现实社会的改造有什么意义呢？换句话说，正义这个价值理念如何对实践起作用呢？毕竟人们通常都希望理念是可以实践的，即是可以用来“做”的，而不只是用来“说”的。

就概念所属范畴来看，正义属于价值范畴而非事实范畴；就其所表达的真理类型来看，正义表达的是价值真理而非事实真理。正义的这种价值属性就决定了，它是作为一个价值理念并表征着价值真理而作用于实践的，这种作用首先就要与事实概念和事实真理的作用相区别。我们要弄清楚正义的现实意义，就有必要首先明确价值理念、价值真理对实践有何作用。

价值与事实是两种非常不同的真理类型，它们对人类实践的作用和意义也是非常不同的。事实真理告诉我们现实存在是怎样的，以及什么样的原因会导致什么样的结果，从而人们可以通过何种方法、手段和途径达成何种目的，也就是人们通常所说的“实然性”问题。人类除了需要搞清楚“实然”的问题外，还需要回答的就是“应然”的问题，包括人类及其社会存在的真正价值和意义何在，人类的幸福生活是怎样的，以及怎样的社会才是好的、正义的，等等。这些“应然性”问题不是事实真理能够回

① ［美］列奥·斯特劳斯、约瑟夫·克罗波西：《政治哲学史》，法律出版社 2009 年，第 115 页。

答的，它们必须由价值真理来回答。价值真理和事实真理都是人类实践所需要的真理性指导，因为人类的实践活动是一种主体性的自觉自为活动，它既需要建立在对事实的了解上，也需要建立在对价值即“应然性”的理解上。价值真理和事实真理又对人类实践具有不同的指导意义，就价值真理和价值理念而言，它们的作用就主要体现在对实践的价值导向与规范上。

所谓价值导向与规范，也就是要从道德的善恶、好坏维度为实践树立坐标。这就犹如海上航行中的灯塔和指南针，价值真理可以照亮和指明人类社会前进的根本方向和目的，以避免社会这艘“大船”迷失方向而偏离正确的航线。如果人类社会已误入歧路，那么无论多么高明高超的手段和方法都只会助长其在错误的道路上走得更远，甚至走向万劫不复之深渊。归根到底，价值真理是为人类的根本选择服务的，它的作用不在于提供如何达成目的的方法手段，而是要对我们选择的目标和道路本身不断地加以矫正。如果方向和道路都错了，船开得再快又有何益？

具体到正义来看，它对人类实践的价值导向与规范功能主要体现在以下两个方面。一方面，正义为人类社会的总体发展树立基本价值目标。正义是社会诸价值的总和，对正义的追求就意味着对自由、平等、公正、和谐、尊严、幸福等的追求，社会发展只有以正义作为总的价值目标，才能够使社会诸价值都得以实现。另一方面，正义为人类社会生活各领域提供应遵循的基本规范原则。譬如，政治有政治的正义原则，法治有法治的正义原则，社会分配有社会分配的正义原则，这些正义原则就为人类社会生活的各领域提供了基本的规范，从而对这些公共生活领域发挥重要的规范功能。

正义的价值导向与规范功能又要通过“评判”与“遵循”两种具体操作方式来实现。所谓“评判”就是要依据正义原则对现实社会制度和政治事务做出是否正义的判断与评价，从而推动人们对社会现实的改造。譬如，根据分配正义的原则来看，我国社会的两大基本保障制度——医疗保险和养老保险中就长期存在着严重的不公平问题，主要体现为城乡“二元结构”和体制内外“双轨制”，它们使得社会不同群体在享有基本权利上是不平等的，从而也是有违正义的。要实现社会基本保障的平等享有权利，就必须逐步消除城乡“二元结构”和“双轨制”，也就是要消除对不同群体在社会保障上的差别对待。

所谓“遵循”就是要遵循正义原则进行社会制度安排并开展国家治理活动。制度建设是善治国家建设的一个非常重要而核心的内容，国家的善治离不开优良制度的作用，而制度本身的建立又需要遵循正义原则的范导才能保证其正当性、合法性。在现实生活中，我们常常会看到一些制度本身就存在着严重的错误或缺陷，其中一个非常重要的根源就在于，这些制度从一开始就缺失或偏离了正义原则的范导，从而它们自身就处于一种价值失范状态。要改变制度本身的价值失范状态，消除一系列制度缺陷与错误，我们必须遵循正义原则开展社会制度的建构与变革。

3. 公平包含“应得”与“平等”

> 公平作为一个单一性价值概念，它的基本含义包含了“应得”和“平等”两个方面。“应得”原则强调在人们的作为与所得回报之间的价值对等性，“平等”原则强调根据某种正当条件的相同性而人们之间应具有待遇平等性。“应得”与“平等”都是公平所要求的，二者相互结合才能达成公平。

对于公平，人们会觉得它比正义具体一些、容易理解一些，因为公平是一个单一性价值概念，它的含义不像正义那么的纷繁复杂。的确，公平的含义要单纯得多、具体得多，但作为一个价值理念，它同样不是仅凭感觉经验就可以一目了然的，而需要我们在对它的各种使用方式的考察中来详加辨析与把握。

我们先来看看人们通常是如何使用“公平”这个词语的。大致上可以分为这样两类情形：第一类情形主要涉及的是人与物之间的关系，特别是人的作为与收获之物的关系。譬如，当一个人通过自己的努力奋斗而学有所成、事业发达时，或者当有人通过自己的刻苦训练而在比赛中取得了优异成绩时，人们就会说这是他应得的，上天是公平的；同样，当有人被授予了与他所做贡献相当的报酬和荣誉，或者得到了与其学识才能相当的职位时，人们也会说这是应该的、公平的；而当有人做了坏事受到相应的惩罚或报应时，人们同样也会说这是他应受的，咎由自取才能体现公平。相反，如果一个人取得的成绩与其付出完全不相称，或者获得的回报远远低于或高出其所做贡献与才能，或者做了坏事却得不到应有的惩罚，这些时候人们又会说“这是很不公平的”。可见公平的一种含义关乎的是人们的付出与所得：当人们得到了他们所应得的东西时就是公平的；相反，如果人们所得并非其应得则是不公平的。

第二类情形则主要涉及人与人之间的关系。譬如，当两个人做了同样的工作而得到了相同的报酬时，人们就会说这是公平的；相反，如果做同样的工作却得不到相同的报酬，人们就会说这是不公平的。又如，两个人犯了相同的罪行而被依法判处了相同的刑罚，人们就会说这是公平的；如果两个人所犯罪行一样却获得了不一样的刑罚，人们就会说这是不公平的。再如，一个国家中如果全体社会公民都能够平等地享有基本权利，没有人被歧视或者拥有特权，这就被认为是公平的；但如果只有一部分人享有基本权利，另一部分人却不能享有同样的基本权利，这通常就被认为是非常不公平的。可见公平的另一种含义是有关人与人之间的某种比较的：倘若人们所拥有的某种正当条件是相同的（例如相同的贡献或才能），他们就应得到同等对待，如果不能被同等地对待，那就是不公平的。

综上，公平概念实际上包含了两个基本维度和两重基本含义：其一，在人与物的关系维度上，公平就意味着“得其所应得”，它强调的是在人们的作为与所得回报之间的价值对等性，通常就被称之为公平的“应得”原则或“等值授予”原则。其二，在人与人的关系维度上，公平则意味着“相同者相同待遇，不相同者不同待遇”，它强调的是根据某种正当条件的相同性，人们之间就应具有待遇平等性，这通常就被称为公平的“平等待遇”原则。“应得”与“平等”都是公平所要求的，公平就是“应得”原则与“平等”原则二者的结合。

进一步而言，公平的上述两重含义不能相互涵盖和取代，平等必须以应得为前提，应得也必须以平等为补充，二者相互结合才能共同构成公平概念。首先，应得原则要以平等原则为补充。例如，根据应得原则，一个人就应获得与其贡献相当的报酬，但这还不能保证所有相同贡献者都能受到相同的待遇。这就还需要提出平等原则作为应得原则的补充，二者共同发挥作用才是公平的。其次，平等原则必须以应得原则为前提。又如，根据平等原则，所有相同贡献者就要得到相同的报酬，不同贡献者得到不同的报酬，但这并不能保证人们所得报酬就是其应得的。完全有可能出现这样的情况：所有相同贡献者都得到了相同的报酬，但都不是与他们的贡献相当的应得报酬。为了避免这种情况的发生，就必须将平等原则建立在应得原则之上，与应得原则相配合，这样的平等才会是真正公平的。

4. 公平是正义的第一要义

公平与正义是两个彼此不同而又相互联系的概念。公平对于正义的重要意义就在于：公平是构成社会正义的第一要义，没有公平就没有正义，社会正义的实现必须建立在社会公平的基础上。但公平又不是社会正义的全部，仅有公平的正义仍是不完全的，社会正义除了要求公平还要求其他价值的实现。

人们常常把“公平”跟“正义”相提并论，但其实它们是两个彼此不同而又相互联系的概念：公平是构成正义的基本内容之一，但公平又涵盖不了正义的所有内容；正义比公平的含义要广泛得多，它包含公平而不等于公平。前面我们已经分别阐述了正义与公平两个概念，本节将着重阐明公平与正义的关系，特别是公平对于正义的重要意义。

首先，公平是社会正义的第一要义，没有公平就没有正义，社会正义的实现必须建立在社会公平的基础上。在正义包含的多种社会基本价值中，公平是最基本和首要的。这是因为：一方面，公平没有条件限制，不像其他一些价值如自由和平等都是有条件限制的。我们可以追求的自由与平等必须是在合理正当范围内的，但公平本身就是绝对的正当与合理，所以我们对公平的追求是没有条件限制的。另一方面，公平又是正义的核心和基准，这意味着其他价值追求都必须与公平原则相一致而不得与之相违背。之所以要以公平为基准，原因就在于公平在根本上制约着其他价值的实现，没有公平就没有其他社会价值的普遍实现，只有在维护与实现公平的基础上，其他价值的普遍实现才有可能。“让我们维护公平，那么我们将会得到更多的自由。”（约瑟夫·儒贝尔语）这就要求当出现其他价值追求与公平原则相矛盾的情况时，必须对其他价值追求做出调整，使它们回到与公平相符合的轨道上来。

其次，社会正义的实现又意味着社会的善治，善治社会同样要建立在社会公平的基础上，要在社会生活的各领域、各方面都体现公平的价值。从政治领域来看，公平就意味着国家的治理应以全体人民的幸福为宗旨，为所有人的利益着想，没有人可以被歧视，从而没有人可以被排除在政治所造福祉之外。在法治方面，公平则意味着法律面前人人平等，没有任何凌驾于法律之上的特殊公民，无论守法还是执法对所有人都要一视同仁。再从分配领域来看，公平又意味着依据某种合理正当的标准进行合理的分配，既要体现“得其所应得”的应得原则，又要体现“相同者相同对待，不同者不同对待”的平等原则。总之善治社会必须是公平的，没有公平就没有善治，公平是构成善治社会的一个基本特征。

公平对于社会正义和善治社会的重要性毋庸置疑，但公平并非正义的全部，仅有公平的正义仍是不完全的，社会正义还要求其他价值的实现，譬如，人的尊严和自由权利的维护。可以设想这样一个极端的例子：我们颁布一条法令禁止人们在口头和书面表达中出现“放屁”二字，上至国家领袖下到平民百姓都不得违反这条法令，凡违反者都要拘禁3个月并罚款1000元。这样的规定不可谓不公平，因为它对所有人都作出了一视同仁的要求，没有人可以例外，但它却侵犯了人的表达自由权，包括选择什么词语来表达的权利，因此这样一条法令恰恰是有违正义的。所以正义的含义比公平要广泛得多，善治社会首先要追求公平，并且还要在追求公平的基础上追求正义所要求的更多价值。

二　自由、平等与正义

自由、平等和正义通常被看作是人类社会的三大基本价值目标。自由作为价值目标具有“环境自由”与“本质自由”两重含义，而合理正当的平等目标则应包含人格尊严平等、基本权利平等、机会平等和规则平等。正义与自由、平等并非是相互并列的，而是包含与被包含的关系：正义包含自由与平等，只有自由与平等的共同实现，社会正义才得以实现。这就要求在追求自由与追求平等之间做到一种协调与兼顾，为此又需要将它们限定在各自合理正当的范围内。

1. 自由作为社会基本价值目标

自由作为人类社会的基本价值目标，包含了“环境自由”与“本质自由”两重含义。“环境自由”是指个人在不被他人强迫与干预的情况下做自己愿意做的事情，它通常又被称作“免于强迫的自由”。“本质自由”是指个人超越动物本能的支配而服从于内心的理性律令，这样一种理性的自律自为又被称为“意志自由”。

“自由”一词，表征着人类生活的根本性质和本真境界，历来就是为世人高度赞美与讴歌的对象。匈牙利诗人裴多菲写出了“生命诚可贵，爱情价更高；若为自由故，二者皆可抛”的著名诗句，苏格兰裔美国人帕特里克·亨利喊出了“不自由，毋宁死”的千古名言，西班牙作家塞万提斯则宣称“自由是上帝赐给人类的最大幸福之一”，而美国人英格索尔更将“自由之于人类”比之为“就像亮光之于眼睛，空气之于肺腑，爱情之于心灵”。这些赞美之词都无不肯定和强调自由对于人类生活的至关重要性。共产主义学说的创始人马克思对自由同样也推崇备至，他把共产主义理想在根本上定义为“自由人的联合体”，“各个人在自己的联合中并通过这种联合获得自由”①。实际上早在提出共产主义学说之前，青年马克思就基于“人本目的”“人本自由”的立场对封建专制主义制度进行了猛烈的抨击，他后来对资本主义社会中人的不自由状况的深刻揭露与批判，同样也是以“人本自由”为价值坐标的。凡此种种都表明，自由对于人类生活的意义非常重大，自由应是人类社会追求的基本价值目标之一。

那么如此重要的人的自由究竟意味着什么呢？从人们通常对“自由”一词的使用来看，自由可以有多种多样的含义，就自由作为人类社会追求的价值目标而言，它至少应包含“环境自由”与“本质自由”两重基本含义。

所谓环境自由是指个人在不被他人强迫与干预的情况下做自己愿意做的事情，它特别强调的就是具有自主意志的个人不被外界人

① 《马克思恩格斯全集》第3卷，人民出版社1960年，第84页。

为力量所强迫，这样一种自由的人为环境通常就被称为“环境自由”或“免于强迫的自由”。“免于强迫的自由”这个说法最先是由美国哲学家伯林提出来的，他将其阐释为：“就没有人或人的群体干涉我的活动而言，我是自由的。在这个意义上，自由简单地说，就是一个人能够不被别人阻碍地行动的领域。”[①] 伯林进一步指出，这个自由概念的主旨是要防止权力（包括私权与公权）对个人自主领域的非正当干涉，因此它也可以被视为一种防御意义上或消极意义上的自由概念。由此不难看出，所谓消极自由正是通常在社会政治领域中所讲的自由权利，它指的是被允许由个人自主决定的那些领域，并且这些领域的存在与维护必须要通过一定的社会制度安排来加以保障。能够被允许的自主领域也就是作为公民应拥有的自由权利包括：个人对自己身体的支配、自我生活方式的决定、个人财产的拥有和思想言论自由等。

所谓本质自由是指有理性的人类不只是被动地适应环境而生存，而且能够按照自己内心的理性律令创造出意义世界，并通过意义世界来规范和指引自身的实践活动。这里所强调的是人对动物本能的超越，以及他对自身内心的理性律令的服从，这是人类生活的本质意义所在，因此通常就被称为人的“本质自由”或“意志自由”。这个意义上的自由概念最早是由康德提出来并加以阐释的，在康德看来，人的本质自由就在于人能够凭借理性力量而具有自由意志，从而人能够进行自我规定、自我立法并自觉践行之。这里的“法”不是外在的自然律，而是人内心的自由律，即人类理性自己给自己颁布的律令，从而与外在自然律之间有着本质的区别。可见人的本质自由并不是指没有任何的约束和限制，它恰恰需要遵从人类自身理性律令的约束，所以自由只是相对于外在的异己力量的约束和强制而言的。举例来说，当一个人面对巨大的金钱诱惑时，如果最终他的道德观念和良知占了上风，从而拒绝了贪污受贿，那么

① ［英］以赛亚·伯林：《自由论》，译林出版社2003年，第189页。

我们就可以说他是本质自由的，因为他摆脱了肉体本能欲望的支配，而遵从了人类普遍理性的律令。这个意义上的自由根本上取决于人自己内心的自由意志，而不取决于外在的社会环境状况，所以它跟上述作为权利的自由是有所不同的。

自由的上述两重含义都为人类生活所必需，并且它们对人类生活具有不同的意义和作用。人的本质自由或意志自由是人之为人的根本特征和标志，马克思正是在这个意义上来理解人的类特性的，他说道："一个种的全部特性、种的类特性就在于生命活动的性质，而人的类特性恰恰就是自由的自觉的活动。"① 他又进一步强调，人的意志自由不能仅仅囿于人的精神中、头脑中，它还需要走向外部世界，外化为某种现实存在，即要把人的"内在尺度"或理性律令运用到对象世界中去，从而在改造世界的实践活动中，才能使人的意志自由得到真正的实现。可见，马克思与康德的区别正在于，康德的意志自由还是停留于人的头脑中的东西，马克思所讲的自由则是蕴含在人的实践活动中的，它要求在对现实世界的改造中实现自身。由此我们就可以得出，人的本质自由或意志自由其实是人的所有创造性活动的内在前提和基础，没有人的意志自由就不可能有人所创造的世界，人类社会、人化世界的存在都源于人本自由，而人的自由意志的发挥与实现，也就是人的自我实现。

另一方面，人类生活又要以免于强迫的自由即环境自由为前提。道理就在于，人的意志自由总要体现为不受他人强迫的自主自愿的行为，虽然人的自愿行为不一定都出自他们真正的自由意志，但意志自由一定要通过人的自愿行为才能够得以实现，所以环境自由就是非常必要的。这里需要首先搞清楚的是，人的自愿行为与人的自由意志之间并不总是一致的。譬如，当一个人在金钱的巨大诱惑下而索贿受贿、贪赃枉法时，这虽然是他的一种自主自愿行为，因为没有人强迫他那样做，但这种"自愿行为"恰恰是个人受其

① 《马克思恩格斯全集》第42卷，人民出版社1979年，第96页。

物欲本能支配而背弃普遍理性律令的结果，所以这样的行为根本算不上是人的本质自由，而正是人的本质不自由的体现。尽管人的自愿行为并不都体现了人的本质自由，但人的本质自由却一定要通过人的自愿行为才得以实现，因为理性的自律是本性自主的。进一步来看，在长期被强迫与奴役之下，人的行为变为被动而非主动、他律而非自律，人们因此不仅被剥夺了自由的权利，而且其人之为人的本质自由也会因长期被压抑而渐趋萎缩。综上两点，环境自由就是人的本质自由得以实现和发展的前提。

人是因其本质自由而成其为人并创造世界的，人的本质自由的实现与发展又离不开环境自由这个前提，所以人的本质自由与环境自由都是人类社会应追求的重要价值目标。

2. 平等作为社会基本价值目标

> 我们不可能也不应当追求绝对的平等，凡事都要求平等是不可能的，我们能够并应当追求的是那些合理而正当的平等目标，它们也就构成了平等权利的基本内容。人们有权要求的正当平等目标主要包括：人格尊严与尊重的平等、公民基本权利的平等、机会平等和规则平等。

平等也是社会的基本价值目标之一，并且跟“免于强迫的自由”一样，平等也是个人有权向社会要求的一项基本权利。问题在于，“平等”可以指很多的东西，它的外延是相当宽泛的，我们不可能也不应当凡事都要求平等，人们能够并应当追求的并非人与人之间的一切平等，而是那些合理而正当的平等目标，它们也就构成了基本权利的内容。人们有权要求的平等主要包含以下四个方面。

首先，人格尊严或尊重的平等。所有的社会成员或公民的人格尊严都是相同的，从而都应得到同等的尊重，这种“尊严的平等”

又意味着，所有社会公民的生活和幸福具有同等重要性，从而都应得到同等的关切与重视。没有谁在人格上是低人一等或高人一等的，也就没有谁的生活和幸福比别人的不重要或更重要，从而没有谁可以被歧视或被特别地看重。早在古希腊，亚里士多德就指出，全体社会公民“具有平等而同样的人格”①，当代美国法哲学家德沃金也认为，“一个统领其公民并要求他们忠诚和守法的政治国家，必须对其全体公民一视同仁”②，倘若一个社会的公民得不到国家平等的尊重与对待，这样的国家就是非正义的。“人格平等”原则的实践意义就在于，它要求国家的一切政治设置都不得带有对任何社会成员的歧视或偏见，也不得对任何社会成员给予特别的偏爱，这应成为善治国家遵循的一条基本原则。任何社会中都会存在着不同社会群体的差异性，既有种族、肤色和天赋等自然因素形成的差异，也有因社会分工不同而形成的不同社会角色和利益诉求的差异，这些差异的存在并不能影响人们在人格尊严上的平等性，因此也就不能成为国家对不同社会群体进行差别对待的理由。

其次，公民权利的平等。这是最常见也最流行的一种平等观念，所谓“人生而平等”的口号，主要就是在“权利平等”的意义上而言的。正如有学者指出：“所谓平等就是承认每个人作为社会的一员，都享有同样的权利和自由。”③“权利平等”被思想家们奉为“神圣的原则”（潘恩语），是人的“神圣不可侵犯的权利”。在我们看来，权利平等所根据的就是人们之间人格的平等性，所谓人格就是做人的资格，有人格就必然要求有人权，人们的人格尊严很大程度上就要通过他们所享有的权利体现出来，因此人权实质上是人格的派生物即人格权，全体社会公民的人格都是相同的，所以他们应享有的基本权利就是平等的。公民应享有的基本权利主要包

① ［古希腊］亚里士多德：《政治学》，商务印书馆1965年，第168页。

② ［美］罗纳德·德沃金：《至上的美德：平等的理论与实践》，江苏人民出版社2007年，第6页。

③ 陈振明：《政治学》，中国社会科学出版社1999年，第596页。

括生命权和自由权两大部分，所谓权利平等就意味着，全体社会公民都应平等地享有生命安全与自由得以保障的权利。正如个人有权向社会要求生命安全与自由的保障一样，个人也有权向社会要求这两类基本权利的平等享有，在此意义上，"权利平等"本身也就构成了人的一项基本权利即平等权，而与人的生命权、自由权相并列。

再次，机会的平等。所谓机会平等，通常指的是"职位和地位向所有具有同等能力的人开放"，就是说，具有相同能力的人们获得相应职位和地位的机会应是平等的。机会平等跟权利平等一样，也是人格尊严或尊重平等的重要体现。但在罗尔斯看来，仅有职位向能力的平等开放是不够的，因为个人能力的培养与发展通常要受其家庭出身、自然天赋等偶然因素的影响。那些家庭条件优渥或具备优越天赋的人们，更容易获得良好的教育并拥有较高的能力，因此他们在社会竞争中往往就会处于有利的位置；相反，那些家庭条件较差或天赋较低的人们，不易获得良好的教育和拥有较高的能力，在社会竞争中就自然处于不利的位置。罗尔斯想强调的是，由家庭条件或自然天赋所造成的人们之间能力的差异性，这个责任不应全部由个人来承担，社会也要承担一部分责任。罗尔斯因此就提出了一个新的"公平的机会平等"原则，它不仅要求获取职位的机会平等，还要求受教育的机会平等，即不仅要实行职位向能力平等开放制度，还要求实行全民基础教育普及制度，目的就是要将自然和社会的偶然因素对人们参与社会竞争能力的影响降到最低程度，从而更好地达成机会平等的目的与意义。

最后，规则的平等。人类建立社会规则的一个重要目的，就是要对人类自身的任性行为有所约束，以防止人与人之间的相互侵害而促进社会合作。社会规则制定出来是供人们遵守的，并且任何社会规则对于相关群体都应具有普遍约束力，只有当这些社会规则得到全体社会成员的共同遵守时，它们才能真正发挥其应有的作用，因此遵守社会规则也就成为每位社会成员应尽的责任和义务。在社会生活中，人们享有权利与履行义务总是相辅相成的，只有当社会义务得到普遍的履行时，人的权利才得以普遍地享有。如果一个社会中总有一些人可以不受社会普遍规则的约束，他们总可以凌驾于社会规则之上，这就意味着有的人可以只享受权利而不必承担对社会的基本义务，这不仅会使社会普遍规则遭到严重破坏，而且会形成一个享有特权的阶层，从而与权利平等原则相背离。可见规则平等对于建立良好的社会秩序是至关重要的，它是权利平等和机会平等的前提，没有规则平等的实行，权利平等和机会平等都难以落实。

3. 社会正义包含自由与平等

> 对合理正当的自由与平等目标的追求，以及对所有美好价值之间相互协调、相互并存状态的追求，就构成了我们对社会正义这一最高社会价值目标的追求。在正义与自由、平等之间，是一种包含与被包含的关系：社会正义必须包含自由与平等，只有自由与平等的共同实现，才能实现社会正义。

自由与平等无疑都是好东西，都值得我们去追求，因此它们就构成了人类社会的两种重要价值目标。但在现实生活中我们却发现，对自由和平等的追求并不那么简单，它们之间实际上是存在着诸多矛盾的。首先，人们的自由之间是有矛盾的。举例来说，倘若你可以拥有在家开大音响听音乐的自由，你的邻居就失去了不被噪音干扰的自由；又或者你觉得自己可以拥有看谁不顺眼就揍他一顿的自由，但被你揍的人则失去了使自己的身体免于被伤害的自由。这样的事例恰恰表明了，人们的自由与自由之间是有矛盾冲突的。其次，在各种平等目标之间也是有矛盾的。如果我们所追求的是财富和权力在所有社会成员之间进行平均（等）的分配，且不说这是否有可能，即使是可能的，它们也会与权利平等、机会平等和规则平等之间形成巨大的冲突。最后，自由与平等之间同样也存在着矛盾。其中最典型的是，如果我们一味强调个人拥有其经济收益的绝对自主权，那么根据这个原则，国家就没有理由向富人课以高税用于社会保障或补偿穷人，这也就意味着大量不平等的存在是可以被允许的，而不管它们是什么原因造成的。相反，如果我们一味强调人们在经济收入和社会地位上应尽量做到平等（均），这又会抹杀和否定了人们的自由选择并为之付出努力的差异性。这些矛盾的存在恰恰表明，无论是我们所要追求的自由与平等目标，还是人们有权要求的自由与平等权利，都不可能是绝对的、全部的自由与平等，而只能是在一定条件范围内的、合理正当的自由与平等。

对合理正当的自由与平等目标的追求，包括对所有美好价值之间相互协调、相互并存状态的追求，就构成了我们对社会正义这一最高价值目标或德性的追求。上节我们已经指出，正义是一个价值总称概念，那么在正义与自由、平等之间，就是包含与被包含的关系：社会正义是包含自由与平等的，只有自由与平等的共同实现，才能实现社会正义，即“真正的自由与真正的平等……是正义所要求的”[①]。这就是说，在社会正义的语境中，自由与平等都是必要的，两者都不可偏废，既不能为了追求绝对的自由而放弃平等的目标，又不能为了追求绝对的平等而放弃自由的目标。如果只有自由或只有平等的实现，都不是完整意义上的社会正义，完整的社会正义必须是在公平基础上对自由与平等的兼顾与协调，也就是它们在各自合理正当范围内的共同实现。自由与平等之所以都是必需的、重要的，其中的深刻道理就在于：它们都是实现社会普遍幸福的必要条件。自由是人的本质特征和存在前提，它为每个人追求自己的幸福生活奠定了基础，没有自由就不可能有人真正的幸福；平等则是使幸福普遍化、普及化的前提，没有平等则不可能有全体人

① 《马克思恩格斯全集》第1卷，人民出版社1956年，第582页。

民的普遍幸福。极端平等主义和极端自由主义的共同错误就在于，它们都只强调自由和平等中的一个方面而忽视另一个方面，片面追求一种价值而又有损于另一种价值，两种倾向都背离了社会正义的要求。

要兼顾协调自由与平等，就必须将它们分别限定在各自的合理正当范围内。个人的自由有合理与不合理、正当与不正当之分，只有正当自由才是人们有权要求并为国家法律所保护的，自由权利只能是正当自由的权利形式，它应满足的两个基本条件是：其一，不得侵害他人权益和公共利益。如果某人声称他在家开大音量听音乐是他的自由，但如果这种噪音已干扰到了他的邻居，那么这种自由就是非正当的。同样，腐败者凭借手中权力大肆侵吞公共财产、损害公共利益，他的这种“自由”就建立在对公利公义的破坏上，这样的“自由”更是非正当的。其二，正当自由必须与公平相一致。如果自由与公平之间出现了矛盾，譬如，当私人财产的自由持有权与社会的公平原则发生矛盾时，就应依据公平原则来对财产持有权做出必要的调整，以使其能够同时满足维护社会公平的要求。总之，我们有权要求并应当依法维护的自由不是绝对的、无条件的，而是在合理正当范围内的自由权利。

平等要求也同样有合理与不合理、正当与不正当之分。前面我们所提到的人格平等、权利平等、机会平等和规则平等都是合理正当的平等要求。相反，如果有人要求将社会财富与权力在所有社会成员中进行平均分配，这既是不可能的，也是不合理而非正当的。正当平等跟正当自由一样应满足两个基本条件：一是某种平等如果是正当的，它就必须与其他的正当平等相兼容。相反，当一种平等要求与其他平等要求相冲突，并且其他平等要求具有明显的正当性时，那么我们就可以判断这个平等要求是不合理且非正当的。二是正当平等也要与公平与自由相兼容。如果某种平等要求导致了社会公平的破坏，并构成对人的正当自由的侵犯，那么这样的平等要求也是不合理且非正当的。可见正当平等跟正当自由一样，都是有条件限制的，它们就构成了社会正义所要求的内容。

三　政治正义的基本原则

社会正义首先就要体现在政治正义上。“政治正义”作为一个概括表征政治之善即“善政”的概念，它是构成整个社会正义的核心内容。政治如何才是正义的？对于这个问题的答案包含在一系列有关政治正义的基本原则中，这些基本原则又是我们对现实政治事务进行范导与评判的依据。政治正义至少应包含的基本原则有：以实现全体人民的普遍幸福为宗旨，与人类社会的普遍价值相符合，维护全体公民的基本权利。

1. 政治正义与政治合法性问题

> 政治是有善恶、好坏、正义与不正义之分的，因此我们主张政治的正义诉求，并反对那种“政治无善恶”的观点。政治的正义性也就构成了政治合法性的根本依据，追问政治的根本合法性即追问政治的正义性问题，这是对现实政治进行反思考察，并推动其不断改善的思想前提。

在考察政治如何正义之前，我们首先需要明确这样一个观点：政治是关乎善恶、好坏、正义与不正义的，因此政治的正当合法性就应以追求“善”为目的和依据，也就是要以追求政治正义为目的和依据。政治还有其他的种种目的和功能，但对善即正义的追求，应成为政治最根本的价值诉求和规范原则。

我们主张政治的正义诉求，就必须反对那种主张“政治无善恶”的观点。这种观点认为：政治无所谓善恶好坏、正义与不义，因为政治无非是社会经济基础的产物，有什么样的社会经济基础就会产生什么样的政治上层建筑，任何政治上层建筑都不过是其经济基础的一个变量，所以它们是无所谓善与恶、正义与不义的。政治充其量有一个历史正当性与非正当性的问题：当政治上层建筑随着经济基础的变化而变化，与经济基础的发展相适应时，它就具有历史的正当性；反之，如果政治上层建筑落后于经济基础的变化，与经济基础的发展不相适应时，它就具有历史的非正当性。按照这种观点又必然会得出这样一个结论：要站在一种普遍性立场上来评判政治事务的正义与否、善与恶几乎是不可能的，因为我们对任何政治事务的讨论都不能离开当时的社会历史条件，譬如，我们要讨论奴隶社会的奴隶制度，从当时的社会经济条件来看它的存在是必然的，所以奴隶社会的奴隶制度就并非不正义。这些观点和看法的一个共同特点就是，将历史的观点与道德的观点割裂开来、对立起来，站在片面的历史主义立场上来反对政治的道德规范论维度，从而构成了对政治正义论的极大挑战。

然而上述这些观点首先在理论上就是站不住脚的。政治上层建筑的变化固然是由经济基础的变化所引起的，但它们之间并非是一种“一一对应”或“一元决定论”的关系，就是说，在同样的社会经济背景下，并非只会产生一种政治可能性，而是会产生多种政治可能性，要在这多种政治可能性之间作出判断和选择，这就为我们引入道德规范论的维度提出了要求。“历史正当性”与“道德正当性”是政治建构所需依据的两个基本维度，历史正当性不等于道德正当性，我们就不能用历史正当性理由来代替道德正当性理由。虽然任何政治事务的存在都要受其社会经济条件的制约，它们也都有其产生和形成的历史必然性，但这并不意味着我们就不可以站在一种普遍性立场上来对它们进行道德评判与考察。譬如对于奴隶制度，尽管我们也同意说在奴隶社会阶段，奴隶制的存在是必然的、不可避免的，但我们站在普遍的道义立场上谴责和批判一切奴隶制的意义就在于，它昭示了人类社会消灭奴役、实现人的普遍解放的应然目的和方向，从而对人类的社会实践活动具有价值范导的作用。

否定政治的正义诉求的观点还会给实践带来巨大危害性。倘若我们认同政治是无所谓善恶好坏、正义与不义的，这就意味着对政治事务无须进行道德评价，也就意味着政治是“怎么都行”“一切皆可”的，因为无论什么样的政治都没有根本的性质差别，唯一的区别就是是否有利于统治者的统治和行事的方便。道德虚无主义盛行的恶果必然是为各种政治恶行大开方便之门，同时又给善政良治的推行造成巨大阻碍，恶政受不到道义的谴责，善政也得不到道义的支持与鼓励，最终就会使恶行当道而善政难张。可以观察到的一个经验事实是，历史上的僭主暴君们大都会极力宣扬道德虚无主义的思想，因为道德虚无主义正可以为他们大行其恶、无所忌惮提供理论依据。

既然政治具有正义与否的问题，那么政治正义性就构成政治合法性的基础。人们可以从不同角度来理解和讨论政治的合法性问题，譬如历史选择或民众选择的角度，但所有这些合法性依据都不是真正最根本的，合正义性才是政治合法性最根本的依据。就是说，一种政治要是合法的，它就必须是合正义的；倘若一种政治是非正义的，那么它就是根本不合法的。政治一旦丧失了其正义性，也就在根本上丧失了其存在的合法性。我们有理由主张或推行的某种政治事务，必须是具有合正义性意义上的合法性，这是其他任何理由都不可替代的正当性理由。譬如，我们主张立法保护公民的思想言论自由权，我们可以提出的理由包括：这条法律在历史上就已经存在了，或者说它是许多思想家们都极力主张和赞同的，或者说它是人民投票决定的。这些都是合法性理由，但都不是真正最根本的合法性理由，除非我们能够论证保护公民思想言论自由权具有正义的性质，才能表明其根本的合法性所在。

追问政治的根本合法性就是追问政治的正义性问题，这是对现实政治进行反思考察，并推动其不断改善所要求的。任何政权和社会制度都是人为建立的，都不具有所谓天然合法性，因此都不能免于对其合法性、合正义性的追问。对政治的根本合法性追问是分辨政治的好坏优劣、从而推动其改善的思想前提，只有那些将政治权力视为一己之私物、希望保有政治特权的统治者，才不愿意看到对政治的改善，才会竭力回避和拒斥对政治的根本合法性追问。这就难怪历史上的专制统治者们都喜欢将人为的统治权力冒充为“天道自然”，把皇权说成是“天赋权力”而皇帝则称为“天子”，似乎这样就可以回避对其正义性、合法性的追问了，当然不过是自欺欺人而已。

2. 以全体人民的普遍幸福为宗旨

> 政治正义的第一要义或首要原则是，必须以实现全体人民的普遍幸福为宗旨。国家要基于对每个人人格尊严的平等尊重，把每个人的利益和幸福都看作是同等重要的，并给予同等的重视与对待，这是政治正义的公正性的必然要求。进一步而言，政治正义要求造福全体人民，而不是只为一部分社会群体谋利。

确立了政治的正义诉求，我们接下来需要弄清楚的就是，什么是政治正义呢？政治正义以什么为标准呢？围绕着这个问题，历史上的思想家们进行了大量的阐述，其中比较共同的看法是，政治要是正义的，就必须着眼于全体人民的普遍幸福，以实现全体人民的普遍幸福为宗旨，这是政治正义的第一要义，也是政治正义的首要原则。

按照亚里士多德当初对政治国家的设想，国家本应是为了促进人们更好地合作，并谋求所有人更加幸福的生活而建立的，因为人类“有乐于社会共同生活的自然性情；为了共同利益，当然能够合群”，而“就我们各个个人说来以及就社会全体说来，主要的目的就在于谋取优良的生活。但人类仅仅为了求得生存，就已有合群而组成并维持政治团体的必要了”①。可见促进人类的共同生活并增进全体人民的普遍幸福，就是国家的合理正当目的与根本宗旨所在。这里的核心与关键是要“照顾到全城邦人民的利益”，“以城邦整个利益以及全体公民的共同善业为依据”②，因为国家是所有人的国家，国家就应为所有人谋福利，而不能将任何一个成员排除在国家为之服务的目的之外。国家不得特别偏向一些人而又歧视另一些人，这是政治正义的公正性内涵所要求的。所谓政治正义的公正性要求，就是要基于对每个人人格尊严的平等尊重，而把每个人的利益和幸福都看作是同等重要的，并给予同等的重视与对待。没有谁的幸福和利益比别人的更重要，从而可以被特别地重视并独享政治的福祉，也没有谁的幸福和利益是不重要的，从而可以被忽视甚至被侵害。公正性是政治正义的核心内容，有公正性才有正义性，无公正性也就无正义性，以全体人民的普遍幸福为宗旨，根本上就体现了政治正义的公正性要求。

如果我们认同国家应以全体人民的普遍幸福为宗旨，那么我们就必须反对那种主张政治只为一部分社会群体谋利而将另一部分社会群体排除在外的观点。人类社会必然会存在着各种各样的社会分工，分工合作是人类社会生活的一种常态，而社会分工又是社会分配的基础，因此基于社会分工就必然会形成不同的社会利益群体。换言之，社会利益群体的分化不过是社会分工的必然产物，要消除不同社会群体正如要消除社会分工一样都是不现实的，我们与其沉湎于对社会分工消失的幻想中，不如着力于思考如何在承认社会群体差异事实的基础上，对他们加以整合与协调。既然不同社会群体的产生只是由于社会分工不同所造成的，那么这些不同的社会群体就不应成为国家对他们差别对待的依据。就是说，不管人们因分工

① ［古希腊］亚里士多德：《政治学》，商务印书馆1965年，第134页。
② ［古希腊］亚里士多德：《政治学》，商务印书馆1965年，第136、157页。

不同而从属于怎样不同的社会群体，都并不影响他们作为同等的社会公民而拥有平等的人格尊严，从而应得到国家平等的尊重与重视，国家就必须对所有社会群体的人们都一视同仁，为所有的社会群体即全体人民谋福利。

另有一种情况是，人们常常习惯于将整个社会分为“大多数人”和“少数人”，如果某种政治事务是对大多数人有利的，哪怕它会严重损害到社会中少数人的利益，人们也会认为这样的政治事务是正当的、可以接受的。同样的看法还认为，为了大多数人的利益而牺牲少数人的利益是正义的，只有为了少数人的利益而损害大多数人的利益才是非正义的。这种看法的要害就在于，人数的多寡成了可以被特别看重或被轻视的理由，这与对所有人同等尊重与重视的政治公正性要求恰恰是根本背离的。在政治公正性的语境下，任何一个社会公民都不应成为被歧视和加害的对象，国家就不能为了一部分人的幸福而以损害甚至牺牲另一部分人的幸福为代价，不管被损害和牺牲的是社会中的大多数人还是少数人。无论是“少数人”还是“多数人”都具有平等的人格尊严，人数的多少不代表尊严和价值的高低，因此也不构成国家可以差别对待他们的依据。

3. 与社会普遍价值相符合

与社会普遍价值相符合是政治正义的另一基本原则，它要求国家的政治生活必须与促进国家的繁荣富强，保障个人的生命安全、自由、尊严与民主权利，实现社会公正与和谐等普遍价值相符合。普遍价值原则与普遍幸福原则是内在一致的，它构成了对国家政治生活的一种基本的道义约束。

政治正义的第二条基本原则是，政治若是正义的，就必须与社会的普遍价值相符合或相一致，任何背离普遍价值的政治事务必定是不正义的。

在现实社会生活中，尽管不同个人和群体有着不同的利益需要与偏好，但总有一些东西无疑是对所有人都好、都有利的，从而是所有人的共同利益需要之所在，这就是具有最大普遍性意义的价值或“善”。例如国家的繁荣富强，个人的生命安全、自由与尊严、民主权利的保障，社会公正与和谐的实现等，就是对所有人都好、都有利的东西，也就是政治应当与之相符合与一致的普遍价值。普遍价值无疑是客观存在的，不管人们承认也好、否认也罢，也不管人们是否自觉以之作为国家政治活动所依循的价值准绳，普遍价值都要发挥其现实作用：这种现实作用要么通过对实践的导向与规范而推动社会进步与发展的正向作用体现出来，要么通过它们遭到背离和破坏后给国家和人民带来深重灾难的否定性方式而体现出来。十年“文革”浩劫就是一个很好的例子。在以阶级斗争为纲之下各种文明理念、普遍价值被肆意抛弃和践踏，结果导致了国家的经济、政治、文化和人民生活都遭到严重破坏，社会濒于全面崩溃的境地。总之，即使我们闭上眼睛假装看不到普遍价值的存在，它们在人类社会生活中也是客观存在的，并发挥着非常重要的作用。

政治不得背离普遍价值而必须与普遍价值相符合，这在根本上是以全体人民的普遍幸福为宗旨的内在要求。前面我们已经指出，政治正义的首要原则是以实现全体人民的普遍幸福为宗旨，而普遍价值作为普遍的善，它们的实现与维护就构成了普遍幸福生活的必要条件。就是说，人民的普遍幸福必须建立在普遍价值实现的基础上，只有这些普遍价值得以实现，人民的普遍幸福才得以实现，如果普遍价值遭到背弃与破坏，要实现人民的普遍幸福就是根本不可能的。试想如果没有国家的繁荣富强，全体公民生命安全、人格尊严与自由的基本保障，以及整个社会的公平、和谐与安定，又如何谈得上实现全体人民的普遍幸福呢？可见普遍价值与普遍幸福是内在一致的关系，追求普遍幸福必然就要求遵循普遍价值的准绳，而背弃普遍价值也就是背弃普遍幸福的宗旨。

树立与普遍价值相符合的原则，这就构成了对国家政治生活的一种基本的道义约束。这一道义约束就在于，它要求国家不得以任何借口或理由而背弃或破坏普遍价值，否则就会被视为非正义的、不正确的。道义约束是实现国家善治的必然要求，并且为对政治权力的制度规范、法律规范提供了内在依据。就是说，在法治框架下，对政治权力的立法规范是以其道义规范为前提的，没有道义规范的法律规范是无根据的，而对政治的道义规范也需要外化为法律规范才更具有现实效力。因此，与普遍价值相符合就不仅是对政治的道义要求，而且也应成为一种法律要求与规范。

4. 以不侵犯人的基本权利为限

> 现代权利设置的一个非常重要的功能，就是要用权利来限制权力，为权力强制设定边界，因此以不侵犯人的基本权利为限是政治正义的又一基本原则。它要求公权力不得侵犯人的正当的法定自由权利。进一步来看，人才是人的最高的目的和意义，因此在人本目的论意义上，人的权利高于一切政治权力。

人的基本权利是现代政治文明发展的产物，在古代政治中，是没有“权利”这样的政治设置的，权利是伴随着政治现代化而出现的。设置权利的初衷和目的，就是为了给所有公民的生命安全和自由提供基本保障，防止任何非法强制包括公权力的非法强制对个人安全与自由的侵犯。换言之，人权设置的一个非常重要的功能，就是要用权利来限制权力，为公力强制设定边界，因此以不侵犯人的基本权利为限，就应成为政治正义的又一重要原则。

自从有了国家和公权力以来，对于生活在国家场域中的每一位社会公民而言，国家或公权力都意味着一种外在的强制力量。一方面，国家或公权力的强制是必要的，因为人们在社会生活中的合作互利要通过对一系列公共行为规范的遵循来维持，而公力强制正是为了确保这些公共规范得到人们普遍遵守的必要手段。正如美国当代政治哲学家赫费所言，正义的法则是产生在国家之前的，在国家形成之前就有了正义的理念，但这些正义法则却因为缺乏一种权威力量的保障而并不能得到普遍的遵守，建立国家及其法律制度的目的就是保证正义法则得以普遍遵守与实行。另一方面，公力强制又必须是有限度和条件的，超出了合理正当的范围，公力强制就不再是促进社会合作的必要手段，反而会成一种破坏社会合作，对人类的生存与发展构成巨大阻碍的力量。那么怎样的公力强制才是合理正当的呢？它的必要限度在哪里呢？这就是：公力强制必须以不侵犯人的基本权利为限，人的权利正是公力强制的限度所在。公力强制一旦突破了权利的限度而造成对人的基本权利的侵犯，其必要性、合理性马上就会转变为任意性和非理性，其正义性也就变成了非正义性。

在权利的限制之下，公权力就不得侵犯人们的正当自由即法定的自由权利。国家法律应当禁止和干预的只是那些“侵犯自由的自由”和“有违公平的自由”，除此之外都属于个人正当自由权利的范畴而不得被横加干预。用康德的话来说就是，要遵循自由的“共存性”原则：被法律允许和保护的自由必须是“与他人的自由权利能够共存的”；相反，凡是与他人自由权利不能共存的任性行为，就是法律必须加以强制性禁止的行为。① 赫费则提出了自由的“相互交换”原则：除非为了更为普遍的自由的目的而要求个人放弃部分自由才是正义的，否则任何出于其他原因而对人的自由的剥夺都是非正义的。② 由此我们可以得出：其一，政治正义要求不得侵犯人的自由权利，任何对自由权利的侵犯都是非正义的；其二，自由权利不等于所有的自由，并不是人的所有自由都可以作为法定权利的内容，只有那些合理正当的自由才能够作为法定权利而为法

① ［德］康德：《法的形而上学原理》，商务印书馆 1997 年，第 40 页。

② ［德］赫费：《政治的正义性——法和国家的批判哲学之基础》，上海译文出版社 2005 年，第 283 页。

律所保护。法治国家既要保护个人正当自由的权利，又要禁止那些非正当自由的行为，对非正当自由的禁止正是为了对正当自由的维护。

基于普遍的公平与自由原则，这就为国家对商品经济的宏观干预和调控提供了依据。马克思当年曾非常深刻地指出，资本的本性是唯利是图、追求利润最大化，在完全放任的自由资本主义社会，资本自身的运动就会不可避免地发展成为资本家对工人的残酷剥削与压迫，进而发展为资本对整个社会的物化统治。在这样的社会中，资本不仅在经济领域占居主导地位，而且这种主导地位已从经济领域延伸到社会的方方面面，以致从“资本经济”发展为“资本社会”，全体社会成员都要受到资本运动这种外在的异己力量的统治，这就是社会和人的全面异化状态。自由资本主义存在的上述弊端表明，资本的自由跟人的自由之间是有着深刻矛盾的，在资本经济存在的前提下，就要求国家必须对资本经济的运动进行必要的宏观干预和调控。譬如，通过制定和执行劳动法、工资法和税收制度等，可以对资本的部分自由加以限制，以保护被雇佣者的正当合法权益，从而可以在很大程度上抑制和消除资本对雇佣劳动者乃至全体社会成员的压迫与统治。

总而言之，政治强制必须以权利为限度，才能保持在其合理正当的范围内，也就是正义的范围内。这里需要进一步明确的是，在人的权利与国家的公权力之间根本上是一种怎样的关系。我们认为，人才是人的最高的目的，而国家并不是人的最高目的；国家在根本上是为人服务的，而不是人成为国家的工具，因此在根本目的论意义上，人的权利高于一切政治权力。这是人本目的论思想的一个基本观点，而政治正义论必须以人本思想为前提，才能使我们真正看清政治国家的地位、作用与功能。在人本思想的语境中，人自身的幸福生活才是最重要的，人的自由权利因其表征着人的本质存在并构成人的幸福生活的内在要素而高于国家目的，所以必须尽可能地捍卫与维护人的自由，而不允许任何对人的自由的任意侵犯。

即使国家也不拥有对个人任意的、绝对的支配权，因此国家也不得对其人民在思想上、行为上横加干涉与强迫，这也是政治正义的一个基本要求。

四　分配正义的基本原则

分配正义是构成社会正义的又一重要方面。社会分配与人们的切身利益紧密相关，因此人们总是特别关注和重视社会分配的问题，社会分配总是牵动着人们最敏感的神经。如何进行分配事关每个人的生活和幸福，也事关社会的基本公正问题，因此分配正义是整个社会正义的基础。分配正义所涉及的对象有各种不同的事物和领域，其中对权利和财富的分配是社会利益分配的两个最基本而重要的部分，它们也就构成了分配正义得以应用和体现的两个主要领域。

1. 分配正义是社会正义的基础

> 分配正义是整个社会正义的基石。其重要性首先就在于，它关乎所有社会成员的生活和幸福，对每个人的生活和幸福都有至关重要的影响作用。分配正义还奠定了政治正义的基础，没有分配正义就不可能有政治正义。分配正义的实现与分配制度密切相关，分配正义必须转化为一定的制度形态才能够得以实现。

分配正义是整个社会正义的基石，而分配正义的重要性首先就是由社会分配活动的重要性决定的。社会分配活动是人类社会生活的重要组成部分之一，只要存在着人类的社会生活，就存在着在社会成员之间的分工与分配，从广义上看，分工其实也是一种分配，它是对不同社会角色和工作岗位的分配。人类的社会生活总是离不开分工与分配，如果没有分工与分配，社会生活几乎就不可能进行下去。通常而言，社会分配可以划分为两个基本方面：一是各种社会资源、财富和利益的分配，这类分配的主要目的就是满足人们的各种利益需要；二是社会责任、义务的分配，因为社会的责任和义务总需要有人来承担。这两个方面就构成了社会分配的主要内容，它们各自又包含着多种可供分配的具体事物，譬如，利益的分配就至少包含了对基本权利、机会、物质财富、职位和政治权力的分配等。

在对利益和责任的分配中，人们都想要获得更多的利益而承担较少的责任，但利益总是有限的而责任总需要有人来承担，所以利益和责任都有一个如何才能分配得公平合理的问题，也就是说，它们的分配都有一个如何实现公平正义的问题。分配正义的重要性主要就体现为以下两点：一是分配正义关乎社会责任和利益的分配，从而关乎所有社会成员的生活和幸福，它对每个人的生活和幸福都有至关重要的影响作用，分配正义的实现将有助于增进人们普遍的幸福生活，因此分配正义是构成社会正义的一个重要方面。二是分配正义是整个社会正义的基础，它事关整个社会的基本公正问题，没有分配正义就不可能有社会正义，政治正义也必须建立在分配正义之上。上节我们已经表明，政治正义的首要原则是为全体人民谋幸福，它要求对每一位社会公民都要给予同等的尊重与重视，而这种“同等尊重”在很大程度上就需要通过分配正义的实现来实现。换言之，政治正义的推行离不开分配正义的作用，只有通过对分配正义的践行，使全体社会成员都能为其所当为、得其所当得，才可能达成政治正义所要求的增进全民幸福的宗旨。

分配正义又主要是通过体现为分配原则，然后进一步具体化为社会分配制度而发挥作用的。人们在长期的社会分配过程中，逐渐建立起了一系列的社会分配规则和制度，所谓分配制度就是针对分配活动而订立的一套行为准则体系，包括对各社会成员之间的分配地位与相互关系的规定。在现代社会，分配制度通常是以法律法规的形式而存在，它们对人们的行为具有强制约束力，从而在很大程度上影响着人们的分配行为和观念，也影响着实际的分配方式和结果，因此在社会分配活动中，分配制度又起着至关重要的决定性作用。有什么样的分配制度，往往就决定着社会分配是什么样的；分配制度是否公平合理，也就决定着社会分配是否公平合理。

社会分配正义与分配制度的关系就是：分配制度是分配正义的主要载体，分配正义则要通过转化为一定的制度形态才得以实现。这就要求我们必须在分配正义原则的指导下，积极开展对社会分配制度的建构与变革。正如罗尔斯指出："正义是社会制度的首要价值，正像真理是思想体系的首要价值一样。"[①] 分配正义对社会分配制度的建构具有根本规范与导向作用，只有在分配正义的范导下，我们才能够避免分配行为中的盲目性和非理性，也才能够真正纠正现存社会分配制度自身中存在的不公平和失范问题。当今中国社会存在着较为严重的分配不公和贫富差距拉大现象，这跟我们的分配制度中许多具体的分配体制设计本身存在着重大缺陷，具有许多不合理性和不公平性，以及合理的分配制度又得不到贯彻落实都有很大的关系。要改变分配不公现状、缩小贫富差距，非常重要的一环就是必须以分配正义原则为指导，着力推进我国分配体制的改革与完善，促进共同富裕。

2. 权利和机会的平等分配原则

> 公民基本权利和机会的分配是整个社会利益分配的基础部分。对权利与机会分配所应遵循的正义原则是，基于人格尊严标准而在全体社会公民中进行平等的分配。在整个社会利益分配中，权利和机会的平等分配具有优先性和先决性。

① ［美］约翰·罗尔斯：《正义论》，中国社会科学出版社 1988 年，第 3 页。

既然分配正义要体现为分配原则而对实践发挥作用，那么分配正义可以体现为怎样的原则呢？或者说，分配正义的原则是怎样的呢？首先，分配正义原则不是单一的而是多重的，对于不同事物的分配，应根据不同的标准而采取不同的分配方式和原则。譬如，对权利的分配原则与对物质财富、权力和名位的分配原则就是不一样的，它们是性质各不相同的东西，就应有不同的分配，如此才能满足和达成分配正义的要求。其次，在整个社会分配中，利益分配是最主要的方面，人们通常说到社会分配主要指的就是利益分配；而在利益分配中，权利、机会和物质财富又是三种最基本而主要的分配对象。尽管社会分配不只是对权利、机会和财富的分配，但由于权利、机会和财富分配对人们的生活和他们的社会关系影响巨大，因此它们也就构成了社会利益分配的三个主要领域，同时也是分配正义得以应用和实现的主要领域。我们下面将主要讨论的就是有关权利、机会和财富的分配正义原则问题。

权利分配是社会利益分配的最基本部分。这里的“权利”指的是公民的基本权利，它是作为社会公民应享有的生存权和自由权的总称。任何个人要在社会中生存和立足，他的生命安全和自由就必须得到社会的保障，因此生命安全和自由就是个人有权向社会所要求的东西，也是社会有责任为个人提供的东西。人们享有权利的状况是同社会的权利分配状况紧密相关的，如何分配公民权利，依据什么标准、遵循何种原则进行权利分配，这直接关系到公民权利是否能够得到普遍的享有，以及权利是普遍的还是蜕变为了某种阶级特权。

公民基本权利分配应遵循的是基于人格尊严标准的平等分配原则。公民权利是每个人作为人、作为社会公民而生活的根本保证，就是说，要维护公民的人格尊严就必须要求权利的保障，如果人们的生命安全和自由都得不到社会的保障，那么人们就不可能过一种真正的人的生活、公民的生活。可见权利实际上是公民人格尊严的必然延伸，公民人格尊严的维护必须建立在公民权利的拥有上，因此对基本权利的分配就应以公民的人格尊严为标准。并且，所有公民的人格尊严又都是相同的，没有谁比谁更为珍贵，因此按照人格尊严标准的权利分配就应是在全体社会公民中的平等分配。概言之，权利分配的正义原则就在于，让全体社会公民都能平等地享有基本权利，没有人的权利享有可以被非法剥夺，也没有人可以独享公民权利，而这一分配正义原则的确立，所依据的正是所有公民人格尊严的相同性和平等性。

在社会利益分配中，还有一类比较特殊的利益就是个人参与社会生活的机会，它主要包括个人受教育的机会和获得一定社会职业的机会。受教育机会对人们的未来生活前景具有至关重要的影响，一个人有没有机会接受良好的文化教育和能力培养，这直接关系到他在未来生活中成功的可能性大小。职业机会同样也是非常重要的，每个人通常都要在社会中承担一定的工作、从事某种职业才能立足于世，才能发挥其社会作用并实现自我价值，在此意义上，社会有没有提供相应的职业机会就显得尤其重要了。可见无论是受教育机会还是职业机会，对于个人而言都是一种重要的利益资源，它们也都可以通过社会分配机制加以分配，因此机会分配也是社会利益分配的一个重要组成部分。

对机会的分配跟对公民基本权利的分配一样，都应遵循以公民人格尊严为标准的平等分配原则。其理由就在于：所有公民的人格尊严都是同等的，他们也都应被当作同等的目的来对待，从而他们的生活和幸福就具有同等重要性，应被给予同等的尊重与重视，这就要求所有公民在他们的生活起点上都应拥有平等机会，如此才能够体现出对他们的生活和幸福的同等尊重与重视。受教育机会的平等分配意味着，必须大力推行全民基础教育普及制度，并建立与完善对贫困家庭学生的社会救济制度，使他们不会因为家庭经济条件等原因而丧失受教育的机会。职位机会的平等分配则是指，社会各种职位应“向所有具有同等能力的人平等开放”，从而使具有相同能力的人们获得相应职位的机会是平等的，不会受到诸如家庭出身、种族和性别等非正当因素的影响。只有机会平等才能够充分体现和保证社会公民之间的相互尊重，正如罗尔斯所指出的："通过避免在一个平等自由的结构中利用自然和社会环境中的偶然因素，人们在他们的社会结构中表达了相互的尊重。通过这种方式，他们就以合理的方式保证他们的自尊。"①

在整个社会利益的分配中，对基本权利和机会的分配无疑占有极其重要的位置，应将它们作为优先考虑的第一分配领域。这又意味着，当不同利益的分配之间出现矛盾和冲突时，应优先考虑和满足的是基本权利和机会分配的公平性，即要坚持基本权利与机会平等享有的优先原则。这里需要强调的是，"权利优先"是包含了生存权和自由权两个部分的，因此人的生命安全和个人自由的平等保障都必须得到优先的考虑，即都应属于优先性原则的范畴。

3. 财富初次分配按贡献分配原则

> 社会物质财富分配是社会利益分配的最主要部分，它通常要通过两次分配来完成。在财富的初次分配中，应遵循的分配正义原则就是按贡献标准进行分配。这是一种差异性分配，但它恰恰体现公平的"等值授予（应得）"与"平等待遇"原则。

如果说基本权利和机会是社会利益分配的最基础部分的话，那么物质财富或经济利益则是社会利益分配的最主要内容，大多数时候，社会分配所涉及的都是对物质财富或经济利益的分配。经济利益分配不仅为人们提供维持其肉体生命存在所必需的物质资料，而且直接影响到人们的物质生活水平，并进而影响到人们精神生活的发展与享受。由财富分配所导致的贫富差异还会对人们的受教育机

① ［美］约翰·罗尔斯：《正义论》，中国社会科学出版社1988年，第171—172页。

会有很大的影响，从而最终影响到人们参与社会竞争的能力。总之，社会物质财富的分配与人们的切身利益密切相关，它对每个人的生活都有着非常重大的影响作用，因此物质财富分配是分配正义应用的一个最主要的领域。

社会物质财富分配通常分为初次分配和再分配。在财富的初次分配中，应遵循的分配正义原则就是按贡献标准进行分配。为什么应以贡献为标准来分配财富呢？主要理由如下：首先从财富的来源看，任何财富都是人类创造活动的成果，没有人类的创造活动就没有财富的生成，在此意义上，社会财富实际上是人类创造活动的凝结与表现，对财富的分配就应与人类创造财富的活动联系起来考虑，即要根据人们在财富创造中的贡献大小来进行分配。再从创造财富的目的来看，一切财富的创造都是为了人类自身的生存与发展，只有创造出更多、更好的社会财富，才能更有利于增进全体人民普遍的幸福生活，因此为了鼓励人们积极开展财富创造活动，也应将物质财富作为人们的贡献报酬来分配，即要以贡献为标准对财富进行分配。所以无论是从财富的来源还是从其创造目的来看，都决定了社会的物质财富应主要采取按贡献分配原则。

关于财富分配的贡献标准问题，还需要说明的两点是：首先，构成贡献标准的要素不是单一的而是多元的，劳动、资本、技术、管理等都是构成贡献的基本要素，就是说这些要素都是获得一定经济报酬或收益的合理正当依据。其次，按照社会分工的不同，可以分为物质生产活动、精神生产活动和社会管理活动三大领域，它们都是维持一个社会的存在与发展、开展财富创造活动所必需的，因此人们在这三大领域内所做出的贡献，也都应作为对社会物质财富分配的依据和标准。换言之，物质财富作为贡献报酬不只是对物质生产活动适用的，也是对精神生产和社会管理活动适用的，人们分别在这三个领域内为社会做出的不同贡献，都应通过获得一定的经济报酬而得到相应的体现和鼓励。

人们所做贡献的大小又是有差异的，有的人贡献大、有的人贡献小，那么依据公平的“等值授予”即“应得”法则和“相同者相同对待、不相同者不同对待”法则，对物质财富的分配实际上就只能是一种按贡献标准的差异分配方式。这种差异性分配具体就是：贡献大者所应获得的利益报酬或经济收益就大，贡献小者所得报酬或收益就小；相同贡献者得到相同的报酬或收益，不同贡献者得到不同的报酬或收益。显然，差异分配会带来人们个人财富占有的差别，于是有人就认为差异分配体现的不是公平而是效率，按贡献分配仅仅是一个效率原则而非公平原则，这种观点其实是非常错误的。分配差异与否并不是分配公平与否的分界线，差异的分配也可以是公平的，关键就要看它是否依据某种合理正当的标准而体现了“等值授予”即“应得”法则。如果某人所得报酬是他应得的，即使他的报酬比别人的高，也是公平的；相反，如果不管人们各自的贡献大小如何，都付给他们相同的报酬，这样的分配才是不公平的。因此按贡献分配本身就体现了公平，而不是不公平，它首先是一个公平原则，然后才是一个社会经济学意义上的效率原则。

从其产生来看，按贡献分配原则是在现代市场经济发展中形成起来的。在市场经济条件下，围绕着商品生产与交换必然会自动形成基于各种贡献要素的收益分配形式，诸如劳动报酬、投资获利和技术分红等，它们共同就构成了市场经济条件下按贡献分配的分配方式。但另一方面，完全自发的市场经济又在很大程度上存在着偏离贡献标准与等值授予原则的倾向，这是因为，在市场经济中，资本是占居主导地位的一方，资本方支配着商品的生产、交换与分配，他们往往就会为了追求自身利益最大化而采取对自己最有利的分配方式，从而造成资本收益过高而其他贡献因素收益如劳动报酬过低的情形。要避免资本主导下的社会财富分配偏离按贡献分配的公平分配原则，就需要国家进行必要的宏观干预，通过制定具体的分配政策来对社会财富分配进行必要的规范与引导，特别是提高劳动报酬在初次分配中的比重，纠正与弥补由纯粹的市场主导对经济收益进行分配的偏差与缺陷。

4. 再分配偏向弱势者原则

在财富的再分配中，应遵循的主要分配正义原则是偏向弱势者原则，如此才能使社会财富在全体社会成员中得以更公平的分配。再分配是作为初次分配的补充而存在并发挥作用的，它并不是对初次分配的取代或否定。只有将两次分配的两种公平分配原则相结合，才能构成完整意义的财富分配正义。

为了使社会财富在全体社会成员中更公平地分配，从而更好地满足全体社会成员对物质利益的需要，社会财富就不仅需要进行初次分配，还需要进行再次分配。“再分配是在国民收入初次分配基础上按照各种需要通过经常转移的形式对初次分配收入进行再次分配，再分配主要是由政府参与并主导进行的，具体指由……各级政府利用财政支出和税收的手段来实现对国民收入分配的调节。”① 与初次分配由市场主导不同，再分配的主体主要是政府，是由政府凭借税收、社会保障、转移支付等手段对社会财富进行的统一分配。尤其重要的是，再分配与初次分配遵循着完全不同的分配标准和原则，在再分配中，应主要遵循“有利于最不利者”即偏向弱势者原则，目的就是要通过对弱势群体进行补偿性、救助性分配，以改善他们的生活状况并缩小社会的贫富差距，这也构成了再分配的主要任务和功能。

以偏向弱势者为原则的再分配的重要意义和作用就在于：其一，通过对那些在社会竞争中处于不利地位而获利较少者给予一定的补偿，可以在很大程度上弥补他们因自然和社会的偶然因素而遭受的“不应得”损失，同时也可以减少因偶然因素而获利较多者

---

① 庞永红、肖云：《再分配逆向调节之分配正义考量》，《伦理学研究》2013 年第 6 期。

的“不应得”获利，从而有助于纠正由于各种偶然因素导致的利益差异分配，缩小社会的贫富差距，这也才能够更好地实现社会的分配公平。其二，由于初次分配不断累积而成的各个家庭之间的贫富差异，又会对人们的受教育机会产生重要的影响，家庭条件优渥者往往更容易获得良好的教育与培养，从而使他们更易在未来生活中取得成功。相反，家庭条件差者受教育机会也大大地降低，从而使他们在未来社会竞争中较难取得成功。通过再分配对私人财富的差异性持有进行适当的调整，以减小贫富差异对人们生活起点的不当影响，也就是要减少因贫富差异而造成的人们的机会不平等，从而体现最大程度的公平性。

上述两点作用就表明了，再分配是为了更好地实现公平分配所必需的。并且，以偏向弱势群体为原则的再分配，是作为初次分配的必要补充而存在并发挥作用的。一方面，初次分配需要再分配进行补充，因为按贡献标准的初次分配并不足以完成整个的分配正义。尽管按贡献分配原则本身是公平的，但它的结果往往会造成对人们未来生活起点的不良影响，并且它自身没有也不可能排除各种偶然因素在分配中所起的作用，因此按贡献分配又是不完全的公平分配原则，这就需要通过再分配来加以补充与完善。另一方面，再分配只是对初次分配的补充而不是取代或否定，它必须建立在初次分配的基础之上。这就是说，按贡献标准的初次分配才是整个社会财富分配正义的首要原则，再分配只有基于初次分配才是可能的，也才是必要而正当的，否则再分配也就失去了其意义。概言之，社会的物质财富或经济利益既需要首先按贡献标准进行初次分配，又需要依据偏向弱势群体原则进行再次分配，只有这两方面相互配合、共同发挥作用，才能构成真正完整意义上的财富分配正义。

偏向弱势群体的再分配跟按贡献标准的初次分配一样，都属于某种差异性分配，前面我们已经指出，差异分配并非就不公平，这里我们更加强调，分配正义应包含合理而公平的平等分配原则和差异分配原则，公平的差异分配如按贡献标准的初次分配和偏向弱势者的再分配，都是构成分配正义的必要部分。我国有学者主张分配正义是完全排斥差异性分配和差别原则的，认为“社会制度不遵循‘差别原则’”，“不会因为个人的特殊分配利益需要而给予任何一个社会成员特殊的‘照顾’”①，这其实是将分配正义错误地等同于绝对的平等主义。实际上，由于分配的事物不同，依据的标准不同，再加上人们自身的相关条件有相同与不同两种情况，就需要分别采取无差别的平等分配和有差别的差异分配两种形式，才能真正达成分配正义的目的。

具体来看，国家以改善弱势群体生活为目的的再分配主要可以通过以下两种具体方式来进行：一是通过税收方式来调节穷人与富人之间的收入差距。“个人所得税就是让一些高收入群体多缴税，低收入群体少缴甚至不缴，这样就缩小了两个群体之间的差距，以此来促进社会的稳定和谐。”② 二是通过转移支付方式对弱势群体进行扶持与救助。国家财政应拿出一部分钱来作为转移支付资金，主要用于对弱势群体的救助与帮扶，使他们不致因家庭贫困而丧失受教育机会和创业机会，从而尽可能减少家庭经济条件原因对个人初始机会的影响。

五　社会正义感及其培育

推行社会公平正义离不开人的作用，全体社会公民正义感的普遍养成，是我们构建社会公平正义的心理和思想基础。正义感是人的一种重要的道德情感，它是一种需要通过后天培养的人为道德情感。在对社会公平正义的追求中，正义感发挥着强大而重要的精神动力作用。人们正义感的养成跟社会制度和思想教育都有很大的关

① 向玉乔：《社会制度实现分配正义的基本原则及价值维度》，《中国社会科学》2013年第3期。

② 庞永红、肖云：《再分配逆向调节之分配正义考量》，《伦理学研究》2013年第6期。

系，加强社会正义规则和制度的建构是培育社会公民正义感的首要前提，而开展正义观教育则是培育社会公民正义感的一种重要手段和途径。

1. 正义感是一种人为形成的道德情感

> 正义感是一种喜好对人类有益之物并厌恶对人类有害之物的情感，即一种与公利公义或公害相关的快乐或不快的道德情感。正义感不是天然具有的，而是经过后天人为养成的，它是一定的社会制度影响和思想文化熏陶的产物。

"正义感"，顾名思义，它是对于正义与不正义而产生的情感反应。哲学家休谟专门对人的正义感进行了考察，他将正义感定义为"一种喜好对人类有益的东西并相应地厌恶对人类有害的东西的倾向"[①]。就是说，正义感是与公利公义或公害相关的，对人类有益的东西是正义的，而对人类有害的东西是不正义的，所以喜好对人类有益之物并厌恶对人类有害之物的情感就可以称为"正义感"。正义感又使人们"一看到有利于社会的那些行动，就感到快乐，一看到有害于社会的那些行动，就会感到不快"[②]。这又表明了对公利公义的喜好会使人产生一种愉悦情绪，而对公害的厌恶则使人产生一种不快或痛苦的情绪。由此我们可以得出，正义感实际上是由两部分要素构成的：一是引起这种情感反应的特定事物，即"对人类有益的东西"或"对人类有害的东西"；二是特定的情感表现，即正义感一定会表现为或者喜好与快乐的情绪，或者厌恶与不快的情绪，以及与这两类情绪相关联的一些情绪。特定的对象加上特定的情感表现，就构成了正义感的基本含义。

---

① ［英］休谟：《道德原理探究》，中国社会科学出版社 1999 年，第 91 页。
② ［英］休谟：《人性论》，商务印书馆 1980 年，第 574 页。

正义感既然是与公利或公害、正义或不正义相关的快乐或痛苦的情感，那么显然并非所有的快乐与痛苦都属于正义感的范畴。举例来说，对一个人的喜欢与爱慕是快乐的，而被自己喜欢与爱慕的人拒绝是痛苦的，但这样的快乐与痛苦并非与正义或不正义相关，因此它们也就无所谓正义感与否；人们得到他们想要的东西如金钱、权力与名誉是快乐的，失去或得不到这些东西时则会引起极大的不快，但这样的快乐与不快也无所谓正义感与否。就是说，能够引起人们产生快乐与痛苦情感的事物有多种多样，正义感虽然也表现为或者快乐或者不快乐的情感，但它只能是指由公利或公害、正义或不正义所引起的不同情感反应。

再从情感类型来看，正义感无疑属于道德情感的范畴，并且它是一种人为养成而非天然形成的道德情感。休谟将道德情感按其产生原因划分为了两种类型：一种是人们天生具有的，如慷慨、仁慈、怜悯、同情、友谊、忠贞等，它们是人类出于一种原始的本能和自然冲动而具有的道德情感，即“自然为其本身的目的而在人类的胸怀中植入的一种简单而原始的本能”①，就像饥渴、怨恨、对生命的热爱一样，它们都是人们自然而然就拥有的情感动机，不需要经过理智的思虑和人为的培养就可以获得。另一种则是人为养成的，如正义感和践约意识，它们是人类在社会生活中，为了促进社会生活的目的而经过理智思虑并通过人为措施而培养起来的，这类道德情感的养成，在很大程度上就要取决于社会制度环境的影响与思想文化的熏陶。总之，人为的道德情感一定是受后天环境与教育影响的结果，这是它们与天然道德情感的重大区别所在。

正义感是一种典型的人为道德情感，主要有两个原因：一是正义感的形成要基于一定的正义观念之上，而正义观念的形成又是与人们“理智的思虑”紧密相连的。“人的倾向和他们的必然需要使他们联合在一起；他们的理智和经验告诉他们，如果他们每个人都

① ［英］休谟：《道德原则研究》，商务印书馆2002年，第52页。

不受任何规则的限制，各行其是，且毫不顾及他人的财产权，那么，这种联合便是不可能的。……由于这些联合在一起的感情和思考，一旦我们在其他人身上也看到了同样的感情和想法，这种贯穿所有时代的正义感就已经不容置疑地在这样那样的程度上存在于人类的每个成员心中了。”① 休谟的这段话旨在表明，人类正义感的形成离不开理智思考的作用，这与那种纯粹出于本能的情感冲动是根本不同的。二是从人的正义感的实际形成过程来看，社会既有的各种体现正义的制度以及各种有关正义的教育，对培养人们的正义感发挥着至关重要的作用。“正义和非正义的感觉不是由自然得来的，而是人为地由教育和人类的协议发生的。”② 就是说，人们的正义感不是由自然而来的，而是从他们所受教育和所处制度环境中逐渐习得和养成的。

2. 正义感奠定社会正义的心理基础

> 正义感奠定人类正义追求的心理基础，极大地推动着人们对社会正义的追求与践行。正义感的重要作用和意义就在于：一是为追求与建构社会正义秩序提供强大的心理情感动机；二是有助于形成抑恶扬善的良好社会风气；三是有助于提升全体社会公民的道德素质修养。

我们之所以关注人的正义感问题，不仅因为它是人类自身文明发展的产物，而且还因为正义感在社会正义的建构与推行中具有至关重要的意义和作用，它为人类社会正义的建构提供强大的心理情感动力，奠定人类正义追求的心理基础。

人类行为通常都需要某种内在的思想或情感动机，这是人类行

---

① ［英］休谟：《道德原理探究》，中国社会科学出版社 1999 年，第 122 页。

② ［英］休谟：《人性论》，商务印书馆 1980 年，第 523、537、619 页。

为的一个重要特点。按照休谟的观点，情感动机是比思想动机更为强大而根本的，喜好与快乐、厌恶与痛苦的情感通常就构成我们大多数行为的根本动力。实际上，无论是情感动机还是思想动机都是非常重要的，而且两者总是相辅相成、相互转化，具体到人类追求社会正义的行为上，其内在的正义感和正义思想都是很重要的，它们相互牵引与转化，并共同构成了人类正义追求的强大精神动力。正义感的重要作用就在于，广大社会成员一旦普遍形成了正义的情感，这种群体情感就会成为一种强大的社会心理定式，极大地推动着人们对社会正义的追求与践行。当一个社会人们普遍具有正义感时，这个社会的正义原则与正义制度就能更好地得以建立与推行；相反，正义感的普遍缺乏既是社会正义普遍缺失在人的主观世界中的反映，反过来又严重阻碍着社会正义的建立与推行。人们正义感的形成不是一朝一夕之功，它甚至比正义观念的形成更为不易，因为观念的东西还要经过转化、积淀为心理与情感的东西，才能形成正义的情感。但正义感一经形成后，它往往又会比正义的思想观念更为牢固而不易改变，并更能直接导致产生一种对正义的强烈欲求和维护正义的行动。具体来看，社会成员正义感的普遍养成具有以下几方面的重要意义。

一是为追求与建构社会正义秩序提供强大的心理情感动机。人类社会的所有规则与制度最终都是由人自己建立起来的，人们拥有什么样的思想观念和心理动机，就会建成什么样的社会规则与制度。所有正义规则与制度的建立和推行都不是一件容易的事情，一方面它们本身具有系统性和复杂性的问题；另一方面它们要在与各种不正义的思想和制度的长期斗争中才能有所推进，这种斗争甚至需要以一些人的流血牺牲为代价，只有在强大的正义感的驱动下，人们才可能为了追求社会正义的目标而勇往直前，不畏艰难、不懈奋斗。如果说正义观念主要为我们提供思想指导的话，那么正义感则发挥着巨大精神动力的作用；人类追求正义的行为既需要思想观念的指引与范导，又需要强大精神动力的驱动与支撑，二者都是必不可少的。

二是有助于形成抑恶扬善的良好社会风气。一个社会如果人们普遍具有正义感，对是非善恶具有正确的观念，就会形成一种抑恶扬善的社会风气，从而正义的事情能够得到人们的普遍赞成和拥护而易于推行，不正义的事情则受到人们的普遍反对和抵制而难有生长蔓延的土壤。相反，一个社会如果人们普遍缺乏正义感，各种是非善恶观念颠倒混淆，这就必然会导致社会风气的败坏，正义的事情得不到支持而难于推行，不正义的事情也无人抵制而大行其道。可见一个社会是否具有普遍的正义感，是影响社会风气的一个非常重要的因素。其他的道德情感如同情、怜悯、友善、诚信等也对社会风气有不同程度的影响，但在普遍缺乏正义感和是非善恶观念的情况下，它们都不足以形成真正良好的社会风气。

三是有助于提升全体社会公民的道德素质修养。正义感是构成人的道德情感的一个重要组成部分，个人道德素质修养的高低，很大程度上就要看他是否具备必要的社会良知与正义感。人们是否具有正义感，还会对他们的其他道德情感状况有很大影响，在一个普遍缺乏正义感的社会里，人与人之间实际上是很难真正相互关心、友善和诚信的。今天我们社会中时有表现的人们彼此间的冷漠与敌意、戾气横行、诚信尽失，就跟缺乏正义感有着直接的关系。因此开展公民道德建设，提升公民的道德素质修养，当前应抓的重点和关键就是要着力培育公民的正义观念和正义情感，使人们在大是大非、善恶好坏的问题上具有正确的判断力和情感倾向，这也是培育、提升和完善人的其他各种道德情感的需要。

3. 正义感的形成机制与培育

人们正义感的形成很大程度上要受到社会制度的影响，正义的社会制度是引导社会公民养成正义情感的重要因素。人们正义感的形成还跟社会教育有很大关系，开展正义观教育是培育社会公民正义感的一种重要手段和途径。

前面我们已经指出，人类的正义感不是天然具有的，而要在社会环境影响下并通过一定的人为手段才能培育起来。社会已经存在的正义规则和正义制度，以及围绕社会公平正义的思想教育，是导致人们形成正义感的两个主要因素。

一个人之所以会形成正义感，在很大程度上是受社会既有正义规则和制度影响的结果。任何社会都会建立一定的行为规则和制度体系，人们一旦进入到社会生活中，就已经处于这些规则和制度体系的作用之中了。社会规则无论是明文规定并得以执行的，还是虽无明文规定但实际被遵循的，它们都会具有不同程度的强制性和约束力，从而对于人们的行为方式乃至内心的思想情感都会产生巨大的影响作用。就社会存在各因素对个人的影响而言，社会规则和制度体系的影响堪称是最重要的，人们常说制度好可以使坏人无法恣意横行，制度不好可以使好人无法充分做好事，甚至会走向反面，就是说社会规则和制度对我们每个人都具有非常重要的影响作用。当一个社会建立起了正义的规则和制度后，这些规则和制度就会在被人们遵守的过程中不断地进入他们的头脑中并留下深刻印象，渐渐地就转化为人们内心的一种思想观念和道德情感，人们的正义观念和正义感便由此而产生和形成。可见人们正义感的形成很大程度上是来源于社会既有的正义规则和正义制度的，倘若一个社会严重缺乏正义的规则和制度，那么这个社会人们也会相应地缺少社会正义感，人们的正义感是受既有正义规则和正义制度的影响而产生的。

当一个社会普遍缺乏正义观念和正义情感时，常常就会呈现为一种普遍的是非观念颠倒、善恶混淆的状况，这又跟我们社会长期以来正义规则与制度的缺失有着极大的关系。改革开放以来，我们开始了对民主与法治的艰难推进，开始了对建立社会公平分配机制和权利保障机制等的不断摸索，但迄今为止离我们所追求的目标仍相差甚远，在既有的社会规则和制度中，仍存在着大量不合理、不正义的内容。这些不正义东西的存在，不仅严重阻碍着正义规则与制度的建立，而且也是导致人们是非观念扭曲、正义观和正义感难以普遍形成的主要原因。社会正义规则与制度的建立离不开正义观、正义感的推动与牵引，而人们正义观和正义感的形成又要受到既有正义规则和制度的很大影响，因此为了促进全体社会公民正义感的培育与养成，加强社会正义规则和制度的建构就是首要前提。

人的正义感的形成也跟社会教育的影响有很大关系。社会思想文化的熏陶有助于提升并巩固人们的正义观念和正义情感，人们受到正义规则和制度的影响而形成正义感的过程，同时也必然伴随着正义的思想文化对他们的影响作用。在这种影响中，开展正义教育是非常重要的一个途径和手段，它可以提升人们对各种正义规则和制度的理性认识，帮助人们正确而系统地掌握有关社会正义的理论知识，从而使人们的正义感建立在理性认知的基础上而得以更加强化，人们也就更能自觉而理性地践行正义、遵循正义。这就是说，人的正义感的形成和提升都有赖于理性思考的作用，而这种对正义的理性思考通常就需要通过教育手段来加以培养。当一个社会具备充足的正义思想资源，并具有开展正义教育的优良传统时，这对于其社会成员普遍形成正义感无疑会有很大的帮助；相反，当一个社会的正义思想资源比较匮乏，并且也缺乏正义教育的传统时，要在这个社会的成员中普遍形成正义感就会有很大的难度。

开展正义教育是培育社会成员正义感的一种重要手段和途径。当前我们社会在正义教育方面存在的问题，一是思想资源比较匮乏，这对正义思想的宣传与传播形成了极大的制约。不仅在中国传统的思想文化中缺少系统的正义思想理论，而且近百年来我们也少有对正义思想理论的认真思考与研究，对国外思想理论的引进与转述也是近十多年才开始的事情。二是一直以来都比较缺乏正义教育的传统，这直接导致了我们社会正义感的缺失。在我们以往的道德教育中，通常更多强调的是所谓忠诚和感恩品质的培养，而对于人们需要养成分辨是非善恶的能力以及相应的情感态度却强调得很少。这就使得人类的正义感成了我们社会的一种稀有之物，当人们面对诸多社会公共生活问题时，往往更多表现出来的不是基于正义感的合理见解与态度，而更多是出于其他目的的非理性意见与态度。针对上述存在的两方面问题，我们一是需要加强对社会正义的理论研究和思想建构，以改变我们社会长期以来正义思想资源匮乏的现状；二是要切实维护广大人文学者和知识分子开展理论研究与思想宣传的合法权利，从而打破在学术思想与社会大众意识之间的人为屏障，才能有助于社会正义及其他各种先进思想理念的广泛传播与宣传，也才能有助于培养和提升全体社会成员的正义感和正义观念。

第二章 民主政治

一 民主是一种公共决策机制

“民主”是善治国家的又一重要理念。在社会公共生活中，多元的社会主体就意味着多元而差异的利益诉求和意见表达，民主的本质就在于它是一种基于大多数人意见与共识之上的公共决策机制，这种决策机制体现了大多数人的意志，反映了人们较为普遍的认识与意愿，从而具有降低政治风险，维持社会长治久安的巨大优势。民主的内涵决定了它应具有广泛的公共性，也决定了它是对专制独裁的否定。

1. 民主是解决纷争的一种有效策略

> 社会生活充满了矛盾与纷争，民主首先作为一种公共决策机制，它是解决意见纷争的一种非常有效的政治策略。民主的历史发展表明，民主决策已成为当今人们的普遍共识，民主政治已越来越成为现代国家的共同选择。民主的巨大优势就在于，它可以有效解决社会纷争，降低政治风险，从而有利于促进社会的安定和谐，维系社会的长治久安。

社会生活是一个纷繁复杂的大系统，多元的社会主体具有多元的价值和利益诉求，势必使各种矛盾与问题、纷争与纠葛等成为社会生活的常态。在社会生活中，面对各种公共事务又必须进行公共决策活动，而公共决策就意味着要作出统一的决定，以便在相应的领域中加以推行。如何作出公共决策，采取什么样的方式进行公共决策，这既是人类社会生活的重要组成部分，也是人类必须面对并尽可能忠实地回答的一个重大问题。首先需要明确的是，现实中我们不可能消除社会中的利益矛盾与价值冲突，达到全体完全一致的共识，但我们却可以通过某种方式形成统一的公共决策。一般来说，公共决策要么是按照以多数人意见为准的民主方式来作出，要么是按照以统治者意志为准的专制方式来作出，民主与专制就是进行公共决策的两种基本方式。我们之所以赞成民主的方式而反对专制的方式，首先在于民主是解决意见纷争的一种非常有效的策略，民主决策比专制决策具有明显的政治优势。

提起民主，无论是思想家还是普通民众都对其倾注了广泛的关注和热情，尤其是近现代以来民主更是受到人们的普遍追捧。古希腊思想家伯里克利在《在阵亡将士国葬典礼上的演说》中指出："我们的制度是别人的模范"①，他所说的就是一种古代民主制度。美国学者托克维尔在《论美国的民主》一文中盛赞："民主并不给予人民以最精明能干的政府，但能提供最精明能干政府往往不能创造出来的东西：使整个社会洋溢持久的积极性，具有充沛的活力，充满离开它就不能存在和不论环境如何不利都能创造出奇迹的精力。"② 那么民主究竟为何物，它在人们的社会生活中究竟扮演着一种怎样的角色，从而影响着社会生活及其发展呢？

从民主最早的产生来看，它是人类在进行集体活动中统一人们意见和建议的一种决策方式。如公元前 11—前 9 世纪的古希腊公民大会，由王或议事会召集，全体成年男子（战时全体战士）参加，讨论、决定部落各项重大问题，通常用举手或喊声表决。在雅

① 刘军宁：《民主二十讲》，中国青年出版社 2008 年，第 3 页。

② ［法］托克维尔：《美国民主》上卷，人民出版社 2009 年，第 280 页。

典，20岁以上男性公民均可参加公民大会，由500人会议中一专门委员会召集，每年分为10期，每期召开1次（后增为4次），讨论、解决国家重大问题，如战争与媾和、城邦粮食供应、选举高级官吏、终审法庭诉讼等，通常是以举手表决。这就是民主最早的实践形式。自近现代以来，社会文明迈向新阶段，尤其是对专制王权的废除，从根本上开启了民意的自由广泛表达。伴随着民主政体的确立，在现代社会矛盾冲突和利益纷争等愈发激烈和突出的同时，民众的民主意识也得以普遍觉醒和提升，民主也上升为国家的制度性安排并成为解决意见纷争的一种普遍机制。当今世界，代议制民主成为现代社会民主决策的主要方式，它直接被应用于大到立国废制，小到国民经济社会发展战略与计划的制订等方方面面。民主决策成为了人们的普遍共识，民主政治也成了现代国家与社会发展的一个重要标志。

民主之所以如此受到欢迎，之所以越来越成为现代国家的共同选择，首先就在于它所具有的巨大的政治策略优势。民主的巨大优势就在于，它可以有效地解决意见纷争，降低政治风险，从而有利于维系社会的长治久安。道理就在于：其一，民主（真正意义上的）意味着大多数人自己做出的决定，不管决定的对与错，人们都不会反对自己当家做主，这就基本上杜绝了形成大规模的社会暴力革命与反叛的风险。即使发现既有决定是错误的，既然是大家自己的决定，人们也都倾向于以和平的方式来对错误加以纠正与改进。其二，民主还提供了以和平方式纠正政治错误的途径与方法，这也极大地降低了暴力革命的风险。民主决策并不意味着就是正确的决策，问题在于当决策错误发生后，我们能够通过何种方式和途径来纠正错误。民主制度就内在地包含有这样一种纠错机制，即使正确的意见一开始不为大多数人所赞成，但它仍可以通过民主所提供的公议平台而不断地加以宣传和传播，最终让广大民众认识其正确性，从而成为多数人的意见与共识而进入到公共决策中来。就是说，在民主制度下，对政治错误的纠正可以通过一种和平的方式来实现，因为民主内含了对政治进行和平改良的机制，这就大大降低了暴力革命的可能性。

民主政治的巨大优势，通常是与专制政治相对而言的。专制也是一种决策机制，但专制决策相比民主决策，恰恰具有政治风险大、易于导致暴力革命，从而难以维持社会长治久安的缺点。专制潜藏着巨大的政治风险，往往是导致人民起来革命与反叛、造成社会动乱的根源。在专制制度下，一切公共决策都以统治者的意志为转移，它将人民排斥在公共事务的决策之外，事关全体人民的事务却不能由广大人民自己做主，一旦统治者的独断专行严重背离了民心民意，损害了大多数人的利益，人民就必然要起来推翻其统治，大规模的社会革命与反叛就难以避免。并且，专制制度实行的是“一言堂”，它压制人民的思想言论自由，剥夺了人民参与国家管理和监督政府的权利，这也就断绝了人民通过和平方式改善政治的通道。人民找不到和平的通道进行社会改良，就只有通过暴力革命与反叛的方式来推动社会变革，因此同样也增加了导致暴力革命的可能性。

民主除了具有以上的巨大优势，它还在公共决策中发挥着两方面的重要作用。一是有利于利益纷争和意见分歧的协调与化解。社会秩序的紊乱说到底就是社会大量的意见纷争和利益矛盾冲突的显现。在民主语境下，广大民众成为社会活动的平等主体，在具有良好的意见表达和利益诉求渠道及运行机制情况下，有利于促成社会普遍共识的形成，或者使各方力量在求同存异中达成相互妥协，这就为纷争的协调和矛盾的和平化解提供了可能。二是有利于公共决策以民意为导向进行调整。民主的实质就是社会成员广泛参与社会管理，人民当家做主，公共决策以全体公民的意志为依归。在民主制度下，可以使公共政策随时地根据民意的变化进行调试和修改，以便更好地反映民众的意志，实现人民的利益，而不会造成长期的违背民意而得不到纠正。

在现实世界中，我们看到民主发展所展示出的迅猛姿态和广阔前景。回顾世界各国民主化的历程，自美国革命和法国大革命起到20世纪70年代，全世界先后掀起了三次民主化浪潮。尤其是在第三次民主化浪潮期间（自20世纪70年代以来），民主化浪潮迅速影响南欧（葡萄牙、西班牙和希腊）、东亚、苏联和东欧地区、非洲等地，民主国家在数量上呈现出惊人的增长，最少几十个先前非民主国家朝着民主的方向取得了明显的进步。这些国家中的大多数在过去十来年中实现的经济增长速度与它们各自地区的平均增长速度持平，或者发展更快。当下，民主政治的实行极大地推动了各个国家的文明进步与社会的全面发展，民主成为全人类共同的理想追求，民主也正迈着矫健的步伐阔步迈进。

2. 民主应具有广泛的公共性

> 民主意味着民意的体现与表达，意味着遵从大多数人的决定，因此民主具有广泛的公共性。民主的公共性具体可从三个层面理解：从民主所适用的对象看，它针对的是社会公共事务，而不是私人事务；从民主的参与主体来看，它应具有广泛性；从民主的方式来看，它还具有公开性的特征。

民主作为一种政治策略和公共决策机制，它最基本的含义是全体社会公民共同参与社会公共事务的商议并决策，从而使国家的政治能够充分代表最大多数人的意志与愿望，实现人民当家做主的目的，因此民主必然要求具有广泛的公共性。

我们先从词源上来分析民主的公共性特征。“民主”（democracy）一词，原意是指多数人的统治。它来源于希腊语 demokratia，是由 demos（意思是“人民”和“地区”）和 kratos（意思是“权力”和“统治”）合成。据考察，古希腊著名历史学家希罗多德（公元前484—前430/420）在其著作《历史》中曾用“民主”来表述雅典的政体。古代政治学说的创始人亚里士多德在他的《政治学》中曾认为，民主是容许所有公民共享政权的制度。尽管当时只限于单个城邦的范围，但却初步地表述了一种新的政治生活方式和直接民主政治实践。事实上，当古希腊人把民主界定为“人民的统治”的时候，他们心目中的民主就是公民参政，亲自决定和管理城邦的公共事务，说到底，也就是公民自己治理自己。

近现代以来，资产阶级思想家们根据斗争的需要，对“民主”（Democracy）这一概念进行了丰富和发展，并用来描述他们追求的政治制度。法国著名启蒙学者狄德罗曾认为：“民主是全体人民拥有主权的一种简单政体”；英国哲学家约翰·洛克指出：“当一定数量的人由于各自的同意，组成社会，他们即已将此社会结成为一个整体，具有作为一个整体来行动的权力，但只能按照多数的意愿与决定采取行动。”[①] 约瑟夫·熊彼特在《资本主义、社会主义与民主》一书中提出：“民主的方法就是那种为作出政治决定而实行的一种制度安排，在这种安排中，某些人通过争取人民的选票而取得作出决定的权力。”[②]《简明不列颠百科全书》对民主的解释是：“民主，字面上的意思是人民当家做主，但现代使用这个词时有以下几种含义：由全体公民按多数裁决程序直接行使政治决定权的政府形式；在以保障全体公民享有某些个人或集体权利（如言论自由、信仰自由）为目的的宪法约束范围内，行使多数人权力的政府形式”，等等。可见，对于民主的理解界定，可谓见仁见智。但在这些思想背后，我们仍然可以看到一个基本的共识就是：民主意味着民意的体现与表达，意味着遵从大多数人的决定，因此民主具有广泛的公共性。民主的公共性，具体来说应当包括以下三层含义：

一是从民主所适用的对象看，它针对的是社会公共事务，而不是私人事务。民主应当被排除在私人生活的领域之外，即民主是对

---

① ［美］科恩：《论民主》，商务印书馆 1998 年，第 74 页。

② ［奥地利］约瑟夫·熊彼特：《资本主义、社会主义与民主》，商务印书馆 1999 年，第 395—396 页。

公共事务适用的，而对于个人的私人事务，则应由个人自主决定，任何人或任何公共权力都不能以民主的名义或民主的方式侵入私人领域。如大家到饭店去吃饭，有人点馒头，有人点米饭，这都是私人事务，不属于民主的范畴，也不需要大家举手表决。现代社会生活的一个重要标志在于，个人拥有的私人生活空间与公共生活空间是相对独立的。然而，私人生活与公共生活在外延上似乎是一种此消彼长的关系：随着公共生活空间范围的扩大，私人生活和个人自由（即“消极自由”）空间的范围就会缩小，因此应将“公域”与“私域”各自都限定在一个合理的范围内。

二是从民主的参与主体来看，它应是全体社会公民。社会公共事务涉及社会不同利益群体，也涉及不同社会身份的个人，民主主体的广泛性就意味着，社会各种群体主体、个人主体对公共事务的共同参与。从组织形式看，它不但包括政府和其他公共机构，还包括私人部门和公民自治组织。从个人身份上看，它不仅包括公务员，同样也包括工人、农民、知识分子、军人等具有独立人身权利和自由行事能力的所有公民。当然，民主主体的广泛性也是相对而言的而不是绝对的，通常来说，对于每一次具体的民主决策活动，民主主体的范围应大致与决策事项相关利益者范围相重合。

三是从民主的方式来看，它具有公开性的特征。公开是民主政治的常规，不公开只是个例外。正如列宁所说，没有公开性谈论民主是幼稚的。相关信息的公开和公开的辩论，这两方面都是民主决策的基础和构成要素。公共信息公开为民众参与公共决策和社会管理提供了现实可能，它可以有助于民众作出正确的判断与选择，进而作出正确的民主决策，也有助于民众在事后对政府行为进行有效监督，防止公权力滥用与腐败。公开辩论的目的是使问题在辩论中得以澄清，使各种意见的优劣好坏得以呈现在公众面前，正所谓“真理总是越辩越明”。它有助于引导公众对公共事务形成正确的思想、观念与看法，也有助于培育公民的公共理性精神和独立人格。

3. 民主是对专制独裁的否定

> 民主与专制是根本对立的关系。民主要以多数人的意见作为决策的依据，它的这一基本内涵就决定了它又必然是对专制独裁的否定。这可从三个层面理解：民主倡导平等的理念，实现了对等级特权的决裂；民主要求建立在法治的基础上，这就实现了对王权至上的决裂；民主要求实现分权制衡的体制机制，这是对专制独裁体制的根本否定。

与民主政治所彰显的人民主权不同，专制则是指一种由个人（或极少数人）单独掌握国家政权，按照个人意志独断专行，实行独裁统治的统治方式。民主政治是与专制政治根本对立的。从世界历史的发展来看，大体上经历了从中世纪的专制统治到近现代民主政治的发展过程。从专制到民主，无疑是人类政治文明发展的巨大进步，它也从根本上改变了人类政治生活的性质与方式。那么民主对专制究竟有着怎样的变革意义呢？它从哪些方面构成了对专制极权的根本否定？我们可从以下三个方面来加以说明。

一是民主倡导平等的理念，实现了对专制主义等级特权的决裂。在民主语域下，赋予了公民最基本的身份和地位的平等，这就消除了等级特权，为公民广泛有效参与社会事务提供了可能和必要前提，而这，恰恰是在专制独裁的语域中不能实现的。在专制下，我们看到的要么是王权至上，要么是独裁独尊。在封建专制下呈现的是“溥天之下，莫非王土；率土之滨，莫非王臣”，在独裁专制下呈现的是“一言堂”。

二是民主要求建立在法治的基础上，这就实现了对专制主义的王权至上的决裂。在专制独裁语域下，王权至上，法制仅仅是王权统治的工具，因此只有法制而无法治。在民主语域下，法律是人民意志和利益的表达，只有实行法治即宪法法律至上，民主才得以实现，所以民主与法治是内在联系在一起的。

三是民主要求实现分权制衡的体制机制，这是对专制独裁体制的根本否定。分权思想可以溯源于古希腊的亚里士多德。这位古希腊的先哲在阐释他的“法治应当优于一人之治”的思想时，主张把政府的权力分为立法、执行、司法三个要素，而权力活动又应当普遍地、严格地遵守制定得完好的法律。现代的分权制衡学说形成于资产阶级革命时期。在资产阶级掌握政权后，由分权制衡学说引申而形成的“三权分立”制度，被各个资本主义国家所广泛采用，并以不同的形式得以体现。近现代以来，分权制衡已成为资本主义国家的重要原则，它是从根本上对专制主义的否定。

总之，民主与专制是针锋相对的，二者是根本对立的关系。民主按照多数人的意志实行统治，而专制则是个人独裁，集中表现在统治阶级内部权力高度集中地掌握在个别人（或少数人）手中，对国家重大问题的决策实行个人专断，即使是在统治阶级内部，也不存在少数服从多数。所以民主制度是对专制制度的否定，民主制度与专制制度相比，是人类社会巨大的进步。

二 民主政治是公民政治权利的体现

民主不仅作为一种公共决策机制而存在，在政治正义论视域下，民主政治还是公民政治权利的体现，是人民当家做主的保证，这是民主的正当性与合法性根源所在。专制与民主相对立，专制侵犯人的权利，对人民施以奴役统治，专制在根本上是非正义的。

1. 民主政治的合法性与正当性

在政治正义的语境下，政治必须满足正义性（正当性）与合法性的要求。民主政治的正当性与合法性就在于：民主政治的宗旨是保证人民当家做主，确保公民政治权利的实现；民主政治充分体现了平等和自由的价值，从而也是公民平等自由权的体现；民主政治可以更好地维护社会安定和谐，增加执政的有效性。

在政治正义的语境下，政治必须满足正义性（正当性）与合法性的要求。自20世纪初德国著名社会学家马克斯·韦伯提出“合法性”这一概念以来，聚焦于合法性的内涵，学术界一直存在着分歧，但基本有如下的共识：“把合法性等同于社会公众对政治系统的认同和忠诚的观念，代表了当代社会对于合法性概念的最一般、最普遍的认识。”① 即合法性是指政治权力来源的正当性，它是与社会大众对政治权力及其运行的政治体系的自愿认可、认同、同意和服从联系在一起的。所谓政治的正当性即正义性，是指一种政治权力或政治体制与善的价值相符合，发挥着善的功能与作用，这样的政治权力或政治体制就是正当的、正义的。

对政治的合法性可以从多个维度加以考察，包括以历史先例为依据的合法性（正统性），遵循人民选择的合法性（民选性）和实现治理效率的合法性（有效性）等，而正义性即正当性则是政治的根本合法性所在。政治的合法性与其正当性是不可分离的，它们之间有着内在的本质关联：没有正义性、正当性，就不可能有真正的合法性，政治的合法性必须建立在其正当性基础之上。民主政治不仅是一种降低政治风险，实现国家长治久安的有效政治策略，而且它也具有根本的正当性与合法性。民主政治的根本正当性就在于，它体现了基于平等原则的公民政治权利的实现，公民政治权利的正义性质就构成了民主政治正当性的根本依据。具体来说，民主政治的合法性与正当性可从以下三个维度体现。

首先，民主政治的宗旨是保证人民当家做主，确保公民政治权利的实现。民主政治的精髓在于人民主权，人民当家做主、享有充

① 白钢、林广华：《论政治的合法性原理》，《天津社会科学》2002年第4期。

分的政治权利是民主政治的根基所在。政治权利是公民权利的一种，它是公民参与国家治理、分享政治权力的权利，其实质是公民的平等人格和平等的国家主人身份的必然要求。政治权利跟其他公民权利一样，都是对人民利益的重要保护与实现，因此它们都具有根本的正当性或正义性。民主政治作为一种国家制度，它是公民政治权利的体现与实现，没有民主制度就没有公民政治权利的实现。在此意义上，民主政治就是公民政治权利的必然延伸，它也因对公民政治权利的必要性和重要作用而获得其正当性与合法性。

其次，民主政治充分体现了平等和自由的价值，从而也是公民平等自由权的体现。在民主政治中，广泛的民众参与是基于公民的平等身份和自由意志的，没有公民对平等和自由权利的享有就没有真正的民主，因此民主政治必然基于并体现了平等与自由的价值。民主政府有责任维护公民的自由和平等权利，才能使各方面利益诉求和价值观念得以充分表达，也才能真正保障广大人民参与国家管理的政治权利，政治权力才不会被社会上某一部分人所独占。平等与自由是人类社会的普遍价值追求，它们也是社会正义的根本要求，民主建立在平等与自由价值基础上，这也就赋予了民主政治的正当性与合法性。

最后，民主政治可以更好地维护社会安定和谐，增加执政的有效性。一方面，民主政治倡导自由和平等的理念，它支持民众的普遍参与，有利于各方意志和诉求的充分表达和沟通，也有利于消除人们之间的隔膜与偏见，化解分歧并促成共识。在民主基础上形成的政治系统和公共决策，由于它们是人民自己的选择和决定，从而更能获得人民的支持和认同。另一方面，在民主制度下，由于公权力真正体现了为民所赋，这就迫使执政者必须高度重视和认真倾听民意民声，这就可以最大程度地保证公权力的行使不会偏离维护与实现人民利益的目标，不会造成对公民合法权益的侵犯，而必须真正体现人民意志与利益的要求。民主政府根本上是要为全体人民谋利益，这样的政府就会得到全体人民的拥护，也就为其自身的稳定与持续发挥政治效力奠定了基础。在此意义上，我们也可以说民主制度一旦丧失民主性，就会丧失其政治效力，而丧失政治效力，也就会导致政治的合法性危机。

2. 民主制度对公民政治权利的实现

民主制度，就是保障民主实现的制度安排。民主制度之所以是公民政治权利的实现，首先，民主制度的多数原则为公民民主权利的实现提供必要的前提；其次，民主制度的具体设计为公民政治权利的实现提供了制度保障；最后，民主制度的有效运行，有利于增强和引导公民政治参与意识。

自人类社会进入近代以来，民主作为一种基本政治方式已逐步得到普遍承认，实行民主已成为世界性潮流。民主不仅以其巨大的政治策略优势获得人们的广泛青睐，更以其体现和彰显了公民权利和普遍价值的道义优势而受到人们的普遍赞同与追求。那么民主制度究竟如何实现了公民的政治权利呢？

首先，民主制度的多数原则为公民民主权利的实现提供了基本原则保障。多数原则是民主政治的基本原则，因为大多数人统治就是承认并服从多数，按照多数人的意志做出最终的选择和裁定，没有多数原则的存在，就没有民主政治的存在。遵循民主的多数原则就意味着，它是对大多数人意志与意见的尊重，这又意味着全体公民都作为平等主体参与到了民主决策中来，并遵循民主原则作出共同的决定，从而体现了人民主权的宗旨，也达成了公民民主权利的普遍实现。如果没有民主的多数原则，那么多数人意志就不能得以贯彻，也就不能体现人民当家做主，公民的政治权利也就不能得以普遍实现。

其次，民主制度的具体设计为公民政治权利的实现提供了制度保障。民主制度是一个由各部分具体制度构成的体系，它通常应包括对国家主权性质及政体构成的规定，并应包含民主决策（立法）制度、民主选举制度、民主监督制度和公民权利保障制度等。在现代法治国家中，民主制度必须由宪法予以确立。比如，1787 年美国颁布的世界上第一部成文宪法《联邦宪法》，它就规定了新国家是实行民主政治的国家，其政体的基本结构是实行行政、立法、司法三权分立。联邦宪法还制定了国家领导人的选举制度，规定国家总统、国会议员都要由选民直接或间接选举产生，并且应互相制约以防止专权。又如，我国宪法首先也规定：国家的一切权力属于人民，这就确立了我国的民主国家性质。我国宪法还规定公民的政治权利是广泛而丰富的，它包括：公民的选举权和被选举权，公民的知情权和监督权，以及公民的言论、出版、集会、结社、示威和游行自由权等。与公民的这些政治权利相对应，我国也在不断建立与完善一系列的民主政治制度。从以上民主制度的具体构成可以看出，它们都是与公民的各种政治权利紧密相连的，民主制度的各部分具体内容，都是为保障公民政治权利得以实现的必要条件。

最后，民主制度的有效运行有利于增强和引导公民政治参与意识。民主制度是对专制独裁体制的颠覆性决裂，它从根本上重塑和确立了公民在国家中的主人翁地位。在民主制度中，民主权利成为社会公民应享有的基本权利，参与国家和社会公共事务的管理，既是公民的权利也是公民的义务。尤其是，民主制度以倡导自由平等价值为前提，这就为公民政治参与的广泛实现提供了可能；同时民主政治又与法治紧密相连，法治本身的规范性和权威性，又为公民政治参与提供了制度层面的保障。就是说，民主制度本身的方方面面就导向广泛的政治参与，其制度导向性就势必对人们的思想意识产生重大影响，从而推动和引导着公民政治参与意识的觉醒与增强。

3. 专制主义的非正义性

专制主义是与民主政治根本对立的政治模式。专制政治相对于民主政治不仅在政治策略上处于劣势，而且它在根本上是非正义的。专制主义的非正义性具体体现为：专制主义是对公民基本权利的侵犯与破坏；专制主义必然排斥法治；专制主义通常都会走向暴政；专制主义是对人民的奴化统治。

专制主义是与民主根本对立的政治模式。专制主义（despotism），又译为独裁主义、专制政治等，指一个人或一个团体独裁的政权组织形式。在此制度下，统治者拥有绝对权力或支配力。专制主义多指政治专制，但有时也指经济专制、思想专制和文化专制等其他方面的专制。政治专制包含君主专制、政党专制等多种形式。专制主义理论在发展过程中比较有代表性的理论有：13 世纪，托马斯·阿奎纳提出“君权神圣”论。阿奎纳认为君主政体是各种政体中最好的。16 世纪末 17 世纪初，英国国王詹姆斯一世就鼓吹君权神授理论。1598 年，他写成《自由君主制的真正法律》（*The True Law of Free Monarchies*）一书，在书中宣称君主由上帝直接任命，否认罗马教会教皇的权威。1603 年出版《神权》一书，宣扬国民绝对服从国王的理论。在本质上，专制主义是与民主政治相对立的概念，专制政治相对于民主政治不仅在政治策略上处于劣势，而且它在根本上是非正义的，这体现在以下四个方面。

第一，专制主义是对公民基本权利的侵犯与破坏。专制制度首先侵犯的是公民的自由权利。在专制主义国家，公民权利通常得不到宪法与法律的保护，即使权利被写进了宪法条文中，由于宪法与法律不具有最高权威性，统治者仍可以任意侵犯公民的自由权利，而不会受到法律的制裁。专制制度还是对公民平等权利的侵犯。在专制制度下，国家治权为统治者所独占，这就违背了“每个人都应该完全平等地共同执掌国家最高权力”的政治平等原则。正如卢梭所言，专制意味着最极端的、最大限度的政治不平等：“这里是不平等的顶点……在这里一切个人之所以是平等的，正是因为他们都等于零。臣民除了君主的意志以外没有别的法律；君主除了他自己的欲望以外，没有别的规则。”[①] 因此，不难看出在专制主义统治下，公民根本不可能享有自由权利和平等权利，专制集权本身就是对自由与平等的违背与践踏。

第二，专制主义必然排斥法治。法治就是依法治国，将国家的最高治权归于宪法与法律。法治的根本意义是对公平正义的捍卫，对自由、平等和权利的维护，它也因此而获得了自身的合理性与正当性。但在专制主义下，由于君主才是国家的最高统治者，因此法律只能成为权力的附属物，只是专制君主控臣御民的工具与武器，而君主却可以不受法律的管束与制约。诚如卢梭所言：“（当一个国家）在它管辖范围内有一个人可以不遵守法律，所有其他的人就必然会受这个人的任意支配。”[②] 可见专制主义政体的本质就决定了，统治者拥有至高无上的权力，从而必然凌驾于法律之上，这与法治精神就是根本背离的，因此专制与法治水火不容，专制主义必然排斥法治。

第三，专制主义通常都会走向暴政。专制主义的本质是对权力的垄断，这就要求将统治者个人或少数人的意志强加于全体人民，这又意味着，要推行专制主义和维系专制政权，都必须依靠强大的武力支撑。专制政权下统治者意志就是金科玉律，它是容不得任何异议和不同声音的，但社会生活中总会有不同的意见和声音，为了消除异议、打击异己，最有效的手段就是使用暴力。国家暴力机器的存在本来有其一定的必要性与合理性，但暴力手段的运用必须被严格控制在一定权限内才是正当的，如果超出其合理范围而过度使用暴力手段，这样的政权就会走向暴政。专制政权用残酷的暴力手段来控制人们的思想，严厉打击持不同意见者，从思想到身体上对他们加以消灭，制造社会恐惧气氛，这就

---

① ［法］让－雅克·卢梭：《人类不平等的起源和基础》，商务印书馆 1962 年，第 146 页。

② ［法］让－雅克·卢梭：《人类不平等的起源和基础》，商务印书馆 1962 年，第 52 页。

超出了使用暴力手段的合理范围，而走向了暴政与恶政。暴政的结果往往又会引发暴力革命，人民不堪忍受暴政的压迫而起来革命，从而造成严重的社会动荡，因此暴政往往又潜存着重大的社会危机。

第四，专制主义是对人民的奴化统治。要维护专制政权，除了倚重于暴力手段外，还要靠对人民思想的严格管控，因此任何专制政权通常又都是与思想专制、文化专制紧密联系在一起的。如米诺格所言："专制主义的本质是，无论在事实上还是在法律上都不存在对统治者不受制衡的权力的挑战。臣民的唯一任务就是献媚。没有国会，没有反对党，没有不受政府控制的新闻界，没有独立的司法，法律无法保护私有财产不受强权剥夺。一句话，没有公众舆论，只有专制统治者的声音。"[①] 在这种思想专制之下，统治者实际上对人民实行的是奴化统治，不允许人们有独立的思想和人格，人民只能匍匐于集权统治之下，这不仅限制了人的精神的自由发展，剥夺了思想探索的可能性，而且造就了一种奴性人格。专制主义既剥夺了人的基本权利，又是对人性的败坏与毁灭，这正是专制主义非正义性的一个重要原因。

三　民主运行的两个基本环节

从民主的运行来看，它包含了票决与公议两个基本环节，通常我们也分别称为票决民主与公议民主。票决民主的意义在于以投票为主要形式的民意表达，而公议民主重在"公议"，即公民在平等自由的公共空间中就有关公共事务进行广泛深入的交流与讨论。公议民主与票决民主是构成完整民主的两个必要环节，缺少了任何一环民主都是不完备的、有缺陷的，票决民主必须建立在公议民主的基础之上。

---

① 刘军宁：《古代政治与现代政治的分野》，《博览群书》1998 年第 10 期。

1. 民主运行包括公议和票决

公议民主是指公民对公共事务进行公开讨论、交流的民主形式。通过对公共事务进行公议，有利于普遍共识的形成、正确思想的传播和公共理性的培育。票决民主是指公民通过投票的方式参与公共事务决定的民主形式。它是公民政治权利的基本实现方式和人民主权的直接体现。公议民主和票决民主是构成民主的两个必要环节，只有二者相互配合才能更好地实现民主。

公议民主是指公民对公共事务进行公开讨论、交流的民主形式。从词源看，公议民主的英文表述是 deliberative democracy。deliberation 这个词，则既可以指两个或两个以上的人之间的议论，也可以指单个人的思考。在我国，对这一英文概念的翻译较常见的是“协商民主”，也有人将其翻译为“慎思民主”和“慎议民主”。显然，它们都与 deliberation 这个词本意相差甚远。公议民主古就有之，如古希腊的城邦政治中，公民大会、五百人议事会等都是公议民主的具体形式，当代世界普遍盛行的代议民主同样也是公议民主的重要形式。比如当下西方诸多国家推行的上议院与下议院的议案形式，我国人民代表大会制、人民政治协商会议的参政议政过程等，都在一定形式和内容上体现着公议民主。实现公议民主需要做到：一是充分的信息获得与认知，这是确保对公议对象的正确判断的前提。二是公开平等的交流、辩论，这是确保在公议过程中公民自由表达意见的基础。三是合理规范的运行程序，这是确保公议过程有序进行的必要条件。

当然，不同的人对于公共事务肯定会有不同的意见。公议或公开讨论的目的和作用主要有两方面：一是通过各自意见的充分交流、沟通、融合与协调，求同存异，从而有利于促进最大普遍共识的形成。二是通过公开、平等的观点交锋与辩论，有利于正确思想的形成与传播和公共理性的培育与彰显。从正确思想的形成与传播来看，真理需要在与谬误的论争中形成，也需要通过一定的公开渠道和方式才得以广泛传播，而公议民主就是这样一种重要的渠道和方式。近代以来欧洲思想启蒙运动的蓬勃开展，很大程度上就得益于公议民主的平台。康德就曾指出，如果没有公议的精神，没有人文学者公开、自由的思想表达与讨论，就不会有欧洲社会的思想启蒙。同样，公议民主也有助于人们公共理性的培育与彰显。公共理性是指对公共事务进行思考的理性，它要求人们必须具有普遍的公共理性精神，即要超出自我狭隘的私利立场而从普遍的公利立场出发进行思考。公共理性不会自动生成，需要在不断的实践与运用中加以培育，公议民主正是为人们提供了这样一种运用和操练公共理性的实践平台。

票决民主是指公民通过投票的方式参与公共事务决定的民主形式。它是公民政治权利的基本实现方式，也是国家主权在民的直接体现。票决民主通常用于各类选举，因此常常又被人们称为选举民主。票决民主同样有着悠久的历史，在古希腊一些城邦中就实行投票表决城邦事务，这也就是早期的票决民主形式。现代意义上的票决民主，显然在形式和内容上都有了巨大的进步完善，如西方的代议制和我国的人民代表大会制。从历史地位看，票决民主是人类历史上影响最深、流传最广的民主形式，在人类文明对野蛮、民主对专制的斗争史中占据重要的地位。尤其是，一个国家选举制度的民主性及其完善程度，可以直观地反映出该国的政治民主化水平。总体来看，票决民主具有如下特质：以投票（或举手）等为主要方式，并遵从多数决定原则。从票决民主的实现来看，通常需要具备以下两个条件：一是公民成为平等、自由的独立主体，这是充分表达公民意愿的基本前提。二是规范有序的票决程序，这是确保民主过程与结果公平的保障。

公议民主和票决民主是构成民主的两个必要环节，二者缺一不可，只有它们相互配合才能更好地实现民主。也就是说，完整意义上的民主必须是包含公议民主和票决民主的，公议民主是票决民主的前提，票决民主则是公议民主的结果。通过公议的方式可以使人们对所议之事有更全面和清晰的理解，对各种方案的优劣长短认识得更清楚和透彻，这样就可以为人们后面通过票决方式作出正确的决定奠定基础。公议之后又必须进一步形成票决，因为公议的目的最终还是要作出统一的决定，而不能只停留在公议的阶段，这种最终作出决定的方式就是票决民主。可见，公议与票决是民主的两个基本环节。科学、完善的民主程序就必须包含这样两个基本环节，我们判断一种民主制度或民主程序的完善程度，一个重要的标准就是看它是否具备这样两个环节。并且，公议民主与票决民主具有一定的先后顺序，通常而言公议民主应先于票决民主，即应在投票作出决定和选择前，首先对所要决定的事情展开讨论即进行公议，使人们更充分地了解有关信息并进行充分思考，这样才能更好地保证票决结果的正确性。

2. 公议民主是票决民主的前提

> 公议民主之所以是票决民主的前提，主要体现在以下两个方面：一方面，公议民主有助于信息的充分交流与沟通，从而有效地减少票决民主中的盲目性与随意性；另一方面，公议民主有助于锻造和培养人们的公共理性精神，从而可以减少或避免票决民主中的非理性与狭隘性。

需引起我们高度重视的一个问题是，在现实生活中，人们往往只知道票决民主而不知道公议民主，从而把民主程序仅仅理解为票决民主，甚至对票决民主顶礼崇拜，有意无意地忽视了公议民主的存在与作用。其实，公议民主是票决民主的必要前提，为了尽可能保证票决结果的正确性、合理性，事先对所需决定之事进行充分的讨论与沟通就是非常必要的。具体来看，公议民主对票决民主的作用主要体现在以下两个方面。

其一，以公议民主为前提，有助于信息的充分交流与沟通，从而有效地减少票决民主中的盲目性与随意性。在公议民主的语境下，公民以平等自由的主体身份参与对公共事务的讨论，这有利于主体间思想意见的充分交流与沟通，也使人们能够更多、更全面地了解与掌握有关信息。信息的充分掌握是人们作出恰当判断与选择的必要前提，如果人们了解与掌握的信息非常有限甚至完全处于无知状态，那么人们作出的选择与决定就必然是盲目的、随意的，即使采取了票决民主的形式，也很难保证其票决结果是正确而恰当的。也就是说，公议民主的一个重要功能就是使信息得以广泛公开与传播，而信息的充分交流与掌握，又可以有效避免票决民主出现的盲目性与随意性，这样就能更好地保证票决结果的合理性与正确性。

其二，以公议民主为前提，有助于锻造和培养人们的公共理性精神，从而可以减少或避免票决民主中的非理性与狭隘性。通过公议民主方式，可以营造一种表达和倾听的社会互动情景，形成一种以社会公利为出发点的理性辩论机制，这又有助于人们公共理性精神的培育与锻造，使其能够超越狭隘的自利心、自利意识和自利思维，而从公利心、公利意识和公利思维出发思考公共事务。这样一来，经过公议后进入公开投票程序的材料，就不再是原先粗糙、自私或非理智的经济性、市场性或消费性偏好，而很可能是考虑周全的、既关怀自己、也关怀他人的可普遍化的意见。[①] 并且，公民在经过公议民主训练后，其公共理性精神得以极大增长，这就有助于他们在票决民主环节投出自己审慎而合理的一票。相反，在缺乏公议民主环节的情况下，人们的公共理性精神尚未得到很好的培养，

① 翟小波：《公议与人民主权——公议民主的结构与价值》，《政法论丛》第13卷，2011年2月28日。

这就使单纯的投票行为往往只是一种狭隘的自私自利之心的表达。

公议民主要发挥好其应有的前提作用，又需要注意以下三个方面的问题。一是在公议的过程中，应充分保障公民自由平等表达的权利。只有公民的言论表达权利得到充分的保障，人们才能进行独立而真实的表达，才能使各种不同利益诉求得以真实呈现，才能使人们对于事物的不同看法、不同视角得以真实呈现，也才能使相关信息得以充分交流与沟通。真实而充分的信息交流与沟通无疑是作出正确决策的必要前提。二是公议民主的形式是多种多样的，这需要根据具体决策的需要来加以选择。譬如，征求意见、民主协商、专家建议、个人建言以及借助媒体平台展开讨论与辩论等，都是公议民主的具体表现形式。三是公议民主也需要遵循一定的形式规范，才能保证公议过程得以合理、有序地进行。公议是公众参与的公开讨论，它更需要遵循一定的讨论规则与秩序，才不会使公议民主演变为一种言论“混战”。包括对公议主题的适当限定、对参与讨论者言论底线的规定（如不得进行人身攻击、不得捏造事实进行诽谤等）、对发言顺序与时长的限定等，都应是加以规范的内容。

3. 存在的现实问题与改进

在现实中，公议民主存在的突出问题集中在信息公开的不透明、不对称，以及讨论平台的缺乏和发挥作用不好两个方面。这需要从提高思想认识、着力解决信息公开与讨论平台建设问题、加强立法规范和注重建立公议民主的各种运行机制等方面加以改进。票决民主存在的突出问题是程序规则缺陷和形式主义的问题。改进的基本途径主要包括：加强票决民主程序设计的科学性、合理性，着力解决公权力滥用而破坏民主决策的问题，建立与完善对票决民主的监督机制。

民主的完善是一个过程。民主的实现方式同样也需要在过程中不断的修正和完善。就当前来看，无论是公议民主还是票决民主在我国的实践都还存在诸多的问题和不足。这些问题可以从以下三个方面来加以分析。

首先，公议民主存在的突出问题集中体现在信息公开和讨论平台两个方面。在信息公开方面，主要的问题是信息不透明与不对称的问题。信息不透明是指，该公开的信息未公开，或者公开的信息不全面、不及时，或者避重就轻，只公开一些无关紧要的信息，而隐瞒了关键与重要的信息。信息不对称主要是指，参与讨论的各方掌握的信息是不对称的，这就致使各方在讨论中往往会出现基本事实依据不一致，从而各说各话、难以形成有效讨论的情形。信息公开上出现的这些问题，势必影响参与主体的客观判断和正确选择，进而影响和制约公共决策的科学制定。在讨论平台方面，主要的问题是讨论平台的缺乏和作用发挥得不好。对公共事务的公开讨论需要公议平台的建设，但长期以来我们在这方面做得是相当欠缺的，政府缺乏进行公议平台搭建的系统规划，民间搭建公议平台又缺乏必要的法制保障。另外，已经存在的一些公议平台，由于相关保障制度与机制的缺失，使其实际发挥的作用非常有限，往往沦为一种徒有其表的“摆设”。比如一些听证会，常常不能让民众有效参与和自主表达，每每变异为政府决策的发布会。

要解决公议民主存在的上述问题，一是要从思想认识上加以提升。要使人们树立起公议民主的意识与观念，增强他们对公议民主的作用与重要性的认识，从而使公议民主观念深入人心。只有人们在思想认识上重视了，才能推动将公议民主付诸实践。二是要着力解决信息公开和公议平台建设的问题。信息公开与公议平台的搭建是推行公议民主的两个基础性环节，为此就需要切实解决信息渠道不畅和讨论平台缺乏的问题，以此为突破口来引领和带动整个公议民主机制的建立。三是要大力推行公议民主的规范化、制度化和法制化。公议民主必须加以规范才能保证其发挥应有的作用，而规范又需要上升到制度与法律的层面才具有必要的强制性效力。公议不是乱议、瞎议和非理性的情绪宣泄，这就需要以制度与法律的规范来加以引导与约束。四是要注重探索和建立公议民主的各种运行机制。公议民主需要通过各种具体的运行机制来实现，这些机制就包括信息公开与沟通机制、各方协商机制、公开辩论机制、论证咨询机制、意见征求和反馈机制等。党的十八届四中全会通过的《决定》指出："健全立法机关和社会公众沟通机制，开展立法协商，充分发挥政协委员、民主党派、工商联、无党派人士、人民团体、社会组织在立法协商中的作用，探索建立有关国家机关、社会团体、专家学者等对立法中涉及的重大利益调整论证咨询机制。拓宽公民有序参与立法途径，健全法律法规规章草案公开征求意见和公众意见采纳情况反馈机制，广泛凝聚社会共识。"① 这里所表述的就是公议民主的一些运行机制。

其次，票决民主存在的突出问题主要是程序规则缺陷和形式主义的问题。程序规则缺陷是指票决民主在程序和规则设计上的不完整和不科学。譬如，在票决程序的设计上，既无之前的充分信息公开与了解过程，又无必要的相互讨论环节，直接就进入到了投票环节；在票决规则的设计上，则往往由于不能根据具体的表决内容制定恰当的胜出规则，以致影响到民主决策的科学性、合理性。形式主义问题是指由于受某些不正当因素的影响，从而使票决民主流于形式、名存实亡，不能起到应有的民主决策作用。在现实生活中，导致票决民主流于形式的一个重要原因是，在公共权力运转不规范的环境中，领导凭借手中权力将自我意志强加于所有投票者，以明示或暗示的方式主导投票意向，致使票决民主扭曲变形。另一种情况则是投票者在眼前利益诱惑下投出非公正的一票，如 2012 年发生的震惊世人的湖南衡阳贿选案，这也同样导致了票决民主的异化

① 《中共中央关于全面推进依法治国若干重大问题的决定》，《人民日报》2014 年 10 月 29 日。

变质。

对于票决民主存在的上述问题，主要需要从以下几方面加以解决：其一，要加强票决民主程序设计的科学性、合理性。民主程序的设计本身也是实行民主的一个重要环节，它同样需要建立起科学的设计机制，并应在进入实际操作前就将票决民主的程序与规则确立下来。票决民主不是单纯的投票活动，事前的信息公开与沟通，事后的公示与意见征询，都直接影响到民主投票的质量，因此必须着力于完善票决民主程序的各个环节。另外，投票规则、胜出规则等对投票结果也有重要影响，因此还必须根据投票内容的具体情况，合理选择和制定投票规则和胜出规则。其二，要着力解决公权力滥用而破坏民主决策的问题。使票决民主流于形式的原因有多种，而公权力滥用则是导致其名存实亡的最主要的因素，因此必须着力解决公权力滥用的问题。一是要下大力气根除“官本位”思想，首先要从思想认识上明确不能以权力意志取代民意，公权力也不得凌驾于人民的权利之上；二是要切实加强对权力的法律规范与约束，如此才能促使公共权力的真正回归，确保其在法定的合理正当范围内运行。其三，要建立与完善对票决民主程序的监督机制。首先就要使票决民主的程序与规则公开化。程序与规则的公开化有利于广大公众对整个票决过程的监督，从而能够有效防止各种暗箱操作及它们所带来的恶果。然后还需要设立与完善监督举报的渠道，使公众在发现问题时能够及时向有关部门反映和检举，有关部门对公众反映的问题也必须及时做出回应，如此才能形成对票决民主的有效监督。

最后，在处理公议民主与票决民主的相互关系上也存在着较大的问题。最大的问题就是把公议民主和票决民主彼此割裂开来，没有将票决民主真正建立在公议民主的基础上，即使设置了一些“公议”的环节也是走走过场、做做样子而已。究其根源，一是许多人对民主的认识还停留在片面与表浅的阶段，将民主决策仅仅理解为“公众投票+多数原则”，认识不到公议民主也是民主的一种重要形式，而且是整个民主政治的必要环节。二是有些掌权者从私心出发本能地排斥公议这种形式，因为公议有利于开启民智、培育独立人格，这无疑是不利于官本主义的施行和奴化式统治的。要解决公议民主与票决民主的割裂问题，首先就要从思想认识上、执政的理念上加以纠正。

四 民主的多样化与条件性

在遵从与社会的经济、文化条件或现实基础相适应的这一基本要求下，在不同时期、不同地域，在民主的具体实践中将会选择与之相适宜的不同形式，从而体现出多样化的特征。同时，民主公共性的本质也注定了民主是有条件的，民主的这种条件性规定着民主主客体的范围及其过程要求。再者，尽管我们追求的是实质民主，它的实现同样还不可缺少相应的民主程序。

1. 民主没有固化的模式

> 民主的模式，是指民主在实现过程中所采取的具体方式。纵观民主发展的历史过程和现实存在，民主的具体形式总是多元化和多样化的。无论是从民主的历史发展还是从其本身的内生机制来看，民主都不存在固化不变的模式。

所谓民主的模式，是指民主在实现过程中所采取的具体方式。纵观民主发展的历史过程和现实存在，民主的具体形式总是多元化和多样化的，不存在固化不变的模式。

一方面，从民主历史发展的进程来看，民主没有固化的模式。在古代雅典的城邦制度下，狭小的国土、有限的公民、简单的政务、充裕的时间等为直接民主提供了现实条件，但自古希腊之后，随着城邦制的破坏和解体，再也没出现过这样的直接民主形式。近代以来，随着自由民主思想的发展并占据主流地位，直接民主潜在的政治运作低效率，“多数暴政”等弊端越来越受到广泛质疑和攻击，使得人们对直接民主诚惶诚恐，寻找比直接民主更加切实可行的民主形式于是成了一种普遍的诉求。正是在此背景下，以代议制为代表的间接民主体制逐步建构起来，并逐步发展成为近现代以来世界各国普遍推崇的民主政治实现形式。从英国学者戴维·赫尔德（David Held）的《民主的模式》一书中可以看到，他按照历史发展的顺序，将民主政治分为九种类型：城邦式民主（雅典式直接民主）、共和主义民主、自由主义民主、社会主义（共产主义）民主、竞争式精英民主、多元主义民主、法治民主、参与式民主、自由式（世界主义）民主。当然，我们也可以按基本实施方式把民主分为直接民主和间接民主两种形式；按具体实施手段分为选举表决（譬如投票）、参与讨论协商等；按参与主体范围分为精英民主和大众民主等。总之，历史上存在过的民主形式是多种多样的。

另一方面，从民主本身的内生机制看，民主也不可能有固化的模式。任何一种民主政治体制和制度安排，都要与现实的社会条件相结合才可能得以建立并推行，这就决定了民主具体模式的多样性而非单一性。这是因为，政治体制总是社会多元力量复杂的互动的博弈产物，也是由众多相互匹配、相互制约的制度安排构成的复杂体系。这些制度安排之间多样化的组合方式，以及它们同该国经济、社会体制及政治文化传统的不同匹配方式，都决定了各国（哪怕是两个相近的民主体制）的民主体制在具体运作过程中必然有着显著的差异。世界各国都是在各自特定的历史境遇和现实社会基础上发展它们的民主政治的，不同历史境遇和现实背景下就会有不同的一些具体的政治诉求，也就使得不同时期不同国家的民主实践必然会经历着非常不同的具体道路，从而形成不同的民主政治的体制建构。因此，整个世界开放的民主实践进程，势必呈现为日益丰富和多元的民主实现形式。

世界上没有放之四海而皆准的民主体制样式，同样也不存在唯一的民主政治发展道路。罗伯特·达尔曾经通过比较22个稳定的民主国家，发现各国的立宪体制有着非常不同的具体制度安排，从而纠正了将美国宪政体制当作西方民主政体的标本的模糊观念。譬如，在国家结构上，在除美国之外的21个民主国家中，只有6个国家同美国一样采取联邦体制；在议院制度上，强有力的两院制只在美国和其他3个国家存在；用来制约多数决定原则的不平等的代表权，即第二院的人数与各联邦单位人口数目不成比例，各国的相关规定差异很大；在选举制度上，22个民主国家中有18个实行"比例代表制"（按所获票数获得代表份额）及其变体，而英国、美国、加拿大三国则实行典型的单名制选区制度；在行政权方面，既有美国这样的总统制，也有英国这样的议会内阁制和法国的半总统制；如此等等。可见，同样是民主政体，不同的政治制度设计以及不同制度安排相互之间构成的多样化的匹配模式，实际上使西方各国的民主政治有着非常不同的体制样式，以及具体的运作机制。[①]正是在这样的认识上，达尔深有感触地说："民主能够依据时代、历史、社会经济发展水平、宗教、政治文化、制度安排以及国际形势的不同而采取非常不同的形式。"[②] 简言之，民主一方面是一种普遍性的政治制度形式，有其普遍一致的基本原则与规范，同时由于各个国家、各个历史阶段社会具体条件与环境的不同，实现民主的具体形式又是多样化的，是随着时代的变化而发展的，所以民主的具体实践并没有固化的模式。

2. 真正好的民主是有条件的

民主有好坏之分。真正好的民主是有条件限定的，一般来说，好的民主首先要求在决策内容上，要以公共领域即公共事

---

① 何显明：《民主政治：普适价值的多元实现形式》，《中共宁波市委党校学报》2012年第1期。

② ［美］罗伯特·达尔：《论民主》，商务印书馆1999年，第93页。

务为边界；其次是要求参与公共决策的主体，必须具备一定的决策能力和具有一定的利益相关性；最后是要求将整个民主制度纳入法制化轨道，使其在法治框架下得以良好运行。

民主虽然是一种相对好的、能最大可能地避免政治风险的公共决策机制，但真正好的民主是有条件和限度的，并非越民主越好。

首先，民主的条件性体现在民主要以公共领域为边界。现代民主以公共事务为阈限，需要民主决策的公共事务主要包括：国家法律法规的制定、最高执政者的选举与任命、关系国计民生的重大事项的决策等。因此，现代民主与私人领域无涉，凡属私人事务，民主体制一概拒绝染指。譬如，张三应当从事何种职业；李四是否应当与某女婚配。因为这些纯属公民个人私人领域的事务，或者说公民个人私人领域的自由。在私人领域中，每一位公民个体均是自己的国王或女皇，对属于自我领域内与他人和社会无关的事务均享有至高无上的绝对权利。而对属于私人领域内与他人有关的事务亦享有与对方当事人达成合意、订立契约的相对权利。“文革”“大民主”之所以与现代民主完全背离，撇开运动式“民主”这一民主外在形式的荒谬性不言，是因为它动辄侵犯私人领域中公民个体的权利、利益或自由：抄家剥夺私人财产权；批斗践踏个人人格权；“牛棚”随意关押限制当事人人身自由权；打人致残、致死侵犯人身健康权和生命权。由此造成中华大地十年的动乱。这些非但不是民主，更是对民主根本的背离。

其次，民主的条件性还体现在参与公共决策主体的条件性上。在民主有效实现的过程中，主体参与的能力及其与决策内容的利益相关性是起到至关重要作用的。参与公共决策主体的条件性，最少要考虑两个相关要素：一是要考察参与主体是否具有决策的能力，特别是在专业性较强的领域，不能把民主泛化到普遍的民众之中去决策。如美国学者科恩所言：“以民主方式组成的俱乐部或特殊利益集团，其成员的认识水平必须高到足以评价有关这一俱乐部或集团共同利益的一切提案。”[①] 二是要考察参与主体与决策的利益相关性，同样不能把与之无关的民众也生拉硬拽入民主的决策之中。这些都势必会严重影响和扭曲民主本身的权威性、真实性和合理性。在一定意义上，现代民主决策，往往采取的是“精英民主”的方式，就是为了规避这些“乱象”的衍生。在日常生活中我们每每可以看到诸如此类的案例：一座桥梁修建的大小，把一大堆无关的民众拉来举手表决；一项工程的投资，广泛征求普通民众的意见……就民主的实质看，一项工程的实施民众应有广泛的知情权、建议权，但有关工程技术方面的问题，则属于专家的专业领域范畴，它已超出了民众本身的认知和判断能力。如果把技术性的问题也置于普遍的民众判断与表决之下，这不但会因无知而成为笑话，更因这一无知而会带来不良后果与危害。

最后，民主的条件性还体现在它要遵循一定的法律规范上。在民主本身的意义中，它是内含着法治要求的。古希腊著名改革家、雅典民主奠基人梭伦认为，民主“服从的不是统治者，而是法律”。历史的经验也表明，民主化的过程就是法制化的过程，就是依照法律发展民主的过程。特别是 1215 年英国签署的法律文件《大宪章》，更是开启了近代西方民主政治法制化的先河。近现代以来，宪法与法律不断发展和完善，并成为各个政体意志的集中体现。从而使“一切卑鄙的和残酷的私欲被抑制下去，而一切良好的和高尚的热情会受到法律的鼓励”[②]。也就是说，民主的实现要在宪法与法律的框架下展开，在法治规范下，法律不仅将民主限定在公共领域范围内，而且为公民个人私人领域内的自由和公共领域的自由提供坚实保障；不仅为种种暴力行为量身定制各类禁止性规范和违法罚则，从而保证了将民主限制在非暴力手段范围内的目标，而且确立和保障了公民个体的自由意志充分表达，因此民主政

① ［美］科恩：《论民主》，商务印书馆 1998 年，第 165 页。

② ［法］罗呗斯比尔：《革命法制和审判》，赵涵舆译，商务印书馆 1965 年，第 170 页。

治离不开法治的前提。

3. 真正好的民主是讲程序的

> 民主要讲程序，指的是在实现民主过程中应遵循相应的先后顺序、步骤、方式及其有关制度规定。于其中要把握好两个基本概念：程序民主与实质民主。程序民主实质上就是民主的实现形式，实质民主只有通过程序民主才能得以实现，二者是有机统一的。当然，民主程序的完善绝非一蹴而就，这正是民主发展的长期性和艰巨性所在。

民主不仅没有固化的模式，是有条件的，同样还是讲程序的。所谓程序，简单地说就是人们从事一定活动的步骤、先后顺序、时间、方式的总称。在现代社会中，程序与公民的社会生活、政治生活是息息相关的。所谓的民主要讲程序，指的就是在实现民主过程中的先后顺序、步骤、方式及其有关制度性规定。其内涵可分为两个层面，一是以民主的原则确立程序，即程序的民主化；二是以程序来规范民主政治的建立和运行，即民主政治过程的程序化。说到底，民主要讲程序目的就在于使民主的实现程序化、规范化，通过完善程序民主更好地实现实质民主。

程序民主是民主的操作方式，没有程序民主就没有可操作的民主制度与民主权利。程序民主实质上就是民主的实现形式，实质民主只有通过程序民主才得以实现，二者是有机统一、不可分割的整体。具体来看，程序民主的作用和意义主要体现在以下两个方面。

一方面，程序民主是民主实现的基本条件。民主可分为实质民主和程序民主，实质民主强调民主的目标、内容、主体与价值，因此也称实体民主；它从国体的角度阐释民主的含义，旨在确立人民当家做主的地位。程序民主是指实现民主方式的步骤、顺序和手段等，强调民主的机制、规则和程序，因此也称形式民主；它从政体的意义上阐释民主制度，旨在保证人民当家做主的实现。也就是说，程序民主是民主的表现形式，实质民主是民主要实现的目的，而实质民主只有通过程序民主才能实现，两者是有机统一和密切联系的整体。程序民主是实现实质民主的必要条件，没有程序民主就难以保障实质民主的实现。

另一方面，程序民主是民主的操作方式。程序民主将民主决策具体化为一系列的程序、手段、方法和实施步骤等。从一定意义上说，没有程序民主，也就没有可操作性的民主制度和民主权利。需要强调的是，民主的程序一旦确定，就不能随意改变，而一旦启动民主程序，就必须遵从程序的基本规则。民主的重要特征就是按程序办事，多数人的意志要通过程序才能体现和被承认。如果多数人的决策和选择出现错误，也只能通过一定的程序加以改正。如日本学者谷口安平所言："一个问题的正确答案因人而异，因组织而异。程序是他们唯一能达成一致的地方，而且他们能达成一致的唯一程序是能保证程序公正的程序，因为他们一旦同意了程序，则无论是何结果，都必须接受所同意的程序带来的结果。"①

当然，民主程序的完善绝非一蹴而就，这是民主发展的长期性和艰巨性所在。完善民主程序需要从以下三方面着手：一是要促进程序设置的科学性，即要求程序的设置要符合客观实际的规律性。首先是要把握好制定程序的目的与意义。民主程序是为各种决策工作服务的，设计者只有明白了该项工作的意义和这项程序设置的作用，才可能设计出符合要求的程序来；其次是要把握好制定该项程序需要的科学手段。不同的程序需要有不同的手段，不同的手段需要有不同的科学知识。设计者只有具备了一定的知识素养，又懂得如何运用这些知识去设计程序，这样的程序才符合实际的要求。二是要促进民主程序的制度化、规范化，即要用制度、法律的形式规

① ［日］谷口安平：《程序公正》，宋冰编《程序、正义与现代化》，中国政法大学出版社1998年，第376页。

范程序的设置和运行。将民主程序纳入法治框架，使民主过程在法治“轨道”上运行，按照法律规范进行民主决策与选举，这是保证民主程序真实性、有效性的关键所在。三是为了促进民主政治活动的程序化，还必须保证和加强对民主程序的监督，这种监督可根据不同的对象和不同的需要采用法律监督、行政监察、审计监督、群众监督和舆论监督等多种形式进行。

五　民主政治的局限性

民主相比专制不仅具有巨大的策略优势，更具有巨大的道义优势，但任何政治制度都不可能是完美无缺的，民主本身也有局限性：民主决策不等于科学决策，多数原则也不等于公正原则，特别是民主一旦脱离了法治框架就会变成“以众暴寡”的坏民主。如何弥补以上局限，使民主制度与真理性、公正性相结合，并防止多数人的暴政，就是当今民主政治的理论与实践要解决的一个最重要的问题。

1. 民主决策不等于科学决策

> 民主性与科学性（真理性）是公共决策应追求的两个重要目标。一般来说，民主以寻求平等参与为导向，而科学追求的是认识的真理性即求真。民主决策并不能够必然保证决策的科学性与真理性，因为大多数人的意见并不意味着就必然是正确的，因此除了要建立民主决策机制外，还需要建立科学决策机制作为民主决策的补充。

民主性与科学性（真理性）是公共决策应追求的两个重要目标。民主性要求反映最大多数人的意志，代表最广泛的民意，才能为公共决策的推行奠定必要的社会基础；科学性则要求决策要符合科学与真理，才是真正正确的决策。任何良好的公共决策，都必须同时具有民主性和科学性的双重特性，缺乏其中任何一方面公共决策都是有缺陷的，也都会给实践带来危害。人们通常搞不大清楚的是民主决策与科学决策的关系，要么只强调决策的民主性而忽视其科学性，要么想当然地认为有了民主就有了科学，从而把民主决策当作公共决策的唯一合法机制。为此，我们有必要对民主决策与科学决策的关系作一些分辨。

首先，民主决策与科学决策是两种相对独立的决策机制，它们既相互联系，又相互区别。从目的指向来看，民主决策往往以寻求平等参与为导向，目的是要体现绝大多数人的意志，从而通过集中民意、民智为决策后续的落实奠定良好的群众基础；而科学决策追求的是认识的真理性与合理性，以使我们的决策既要与事实真理相符合，也要与价值真理相符合，才能确保决策的正确性。从参与决策的主体来看，民主决策的主体原则上要求是所有利益相关者，从而才能够充分体现广泛的民主性；而科学决策的主体则一般要求是熟悉该决策内容的专业人士，他们的专业水平包括知识素养和思维素养等，才能最大可能地保证决策的科学性。

民主决策与科学决策还以它们各自遵循的原则、程序和方法等区别开来。民主决策的基本原则是少数服从多数原则，采取的是公议、投票等民主程序和信息沟通、集体决定等方法。而科学决策的根本原则是所有人都要服从真理，这就要求科学决策必须有比较严格的科学决策程序，至少应包含这样一些基本步骤：首先要对决策内容开展足够充分的调查研究，提出调研报告；然后在调研基础上提出几种决策备选方案，从可行性、实际效果、相关影响等多方面加以分析比较；在对各备选方案进行充分讨论和权衡基础上进行方案择优，有条件的话还应先开展试点工作；在试点过程中不断收集反馈信息，并动态地加以分析、评价和进行方案调整，最后才将比较成熟的决策方案推行开来。总而言之，科学决策就是按照科学的程序和方法进行决策，以避免经验决策的盲目性、片面性和短视性等非科学性，从而实现决策的科学化。

那么民主决策能不能够涵盖或代替科学决策呢？答案是否定的。这是因为民主决策并不能够保证决策的科学性，广大民意或多数人意见并不必然是科学的、正确的。民主决策的最大特点是强调决策应遵循多数原则，强调要尽可能实现最广泛的公民参与，这可以避免独断专行的偏私与狭隘，但问题是，民主决策以多数人意志为原则，但多数人意见不等于就是正确的意见，意见的正确性、真理性不是由人数多少来决定的。换言之，人数问题不是决定意见正确性、真理性的要素，错误的意见再多人赞同也是错误的，正确的意见再少人支持也是正确的，有理并不在于人多和声大。人们常常容易忽视了民主决策与科学决策之间的非等同性，想当然地认为民主决策就一定是正确的决定，这个思想误区会误导我们忽视对决策科学性、真理性的追求。尤其是面对复杂的社会政治经济问题时，单靠少数服从多数的民主方式并不能够保证我们作出正确的决策，过分迷信民主的多数原则甚至还会造成严重的不良后果。

既然民主决策并不能够必然保证决策的科学性与真理性，因此除了要建立民主决策机制外，还需要建立科学决策机制作为民主决策的补充。其具体操作方式通常是“民意 + 专业意见”模式，即要将利益相关者的多数人意见与专家团队的意见相结合，也就是在公共决策中一方面要以大众意见为依据，同时还要充分考虑专家团体的意见。既不能只考虑民意而忽视专业意见，也不能只重视专业意见而轻视民意。民主最根本的价值在于它是公民权利实现的制度保障，因此民主决策应是最基本的决策机制，而在民主的基础上又需要科学决策作为补充和辅助，以弥补民主决策的缺陷，这应是二者的一种恰当关系。

2. 多数原则不一定能保证公正性

民主的多数原则也不能保证决策的公正性。这是因为，大

> 多数人意志并不必然是大多数人利益的体现，同时把所谓少数人的利益排斥在外的决策也是不公正的。民主走向极端就会发展为“以众暴寡”，因此必须使民主受制于能够压缩民主空间的政治条件，这就是法治和自由权利，同时还应当形成良好的民主运行模式和机制。

进一步看，民主的多数原则也不能保证决策的公正性。人们通常会觉得多数原则是一个公正原则，因为体现了大多数人意愿的公共决定似乎是公正的。那么是否体现了大多数意志的决定就是公正的呢？大多数人的意愿是否就一定代表着大数人的利益？而那些少数人的利益是否也需要保障呢？为了大多数人的利益是否就可以以牺牲少数人利益为代价呢？这些问题都还需要作更详细的分析。

首先，真正的民主决策虽然可以做到反映大多数人意志，但大多数人意志并不必然是大多数人利益的体现。这里有一个人们的主观认识与自身客观利益需要之间常常会出现错位的问题。由于受到自身所处环境和所受教育等的影响，人们通常要么只看到自身的眼前利益而看不到长远利益，要么看到自身的某方面利益（譬如物质利益）却看不到或忽视自身的其他方面利益（如精神利益、政治利益等），要么只看到每一个人拥有的私人利益，而看不到对每个人都有利的公共利益。人们的主观意识与他们的客观利益需要之间存在着的这些差距和错位，常常就会使他们所表达的意见其实并不能够完全真实地反映他们自身的客观利益需要，因此民主决策并不必然是一种公正的决策。

其次，就算大多数人的意志的确反映了大多数人的利益，但是仅仅为大多数人利益着想，却把所谓少数人的利益排斥在外的决策是公正的吗？在社会政治生活中，公正的基本含义是基于对所有公民人格的平等尊重而对他们给予同等的重视与对待，因此任何人不管他是属于“多数”还是“少数”都不应受到歧视性对待，都应得到同等的基本权利保障才是公正的。换言之，多数人和少数人的区分只是在某种社会身份上的差异性，而不是他们的人格价值高低的差异，因此即便是社会中的少数人，他们的利益需要也同样应得到尊重与重视。真正的公共意志即“公意”指的是基于公共理性思维，从全体人民普遍利益出发而对社会公共事务的思考，由此而产生的意志才是公共意志。公共意志的公正性就在于，它必须以全体人民的利益为出发点和目的，必须公正地对待社会中的每位成员和每个社会群体，不得对任何社会公民加以歧视或排斥。而民主决策更多是反映了大多数人的意志，它往往是对少数人意志和利益的排斥，因此民主决策并不就是体现公正的。

毫无疑问，民主制度本身也是有缺陷的。单纯的民主制度如果发展到极端，就会出现“以众暴寡”的严重不公现象。就是说，统治者常常会打着为了多数人利益的旗号而侵害与剥夺少数人的权利与利益，即以人多势众的一方去欺凌、迫害人少势弱的一方，从而形成“多数人对少数人的暴政”。早在古希腊，亚里士多德就指出，如果公共事务完全由民众意志来决定，而缺乏了必要的法律准绳，那么民众意志就总是无法避免沦为领袖意志的玩偶。“平民领袖们把一切事情招揽到公民大会，于是用群众的决议发布命令以代替法律的权威。一旦群众代表了治权，他们就代表了群众意志；群众既被他们所摆布，他们就站上了左右国政的地位。”① 当民众意志或以代表民众意志为名的领袖者占据了国家的最高治权时，对公民权利的侵犯、对少数人的迫害就不可避免。众所周知的一个例证是：公元前 399 年，雅典人苏格拉底被控不敬神和腐蚀青年。有五百零一人作为此案的审判官，最后他们以二百八十一票对二百二十票认为苏格拉底有罪，并进而判他死刑。这个事例表明，在某种情况下，民主既不能充分保证公共决策的正确性，也不能够为人的权利提供有效保障。

“以众暴寡”通常有两种情况。一是多数人作出的决定本身就

① ［古希腊］亚里士多德：《政治学》，商务印书馆 1965 年，第 194—195 页。

存在着严重的不公平，往往要以牺牲或剥夺少数人或弱势群体利益为代价。二是执政者以为了多数人利益的名义而肆意侵犯与践踏少数人的权利，民主就发展为以多数人为名而对少数人的迫害。一个有力的事例是，20 世纪 30 年代，希特勒及其纳粹党借助人民对经济危机的恐惧，通过全民直选的方式攫取政权后，即通过人民授权而订立了对犹太人加以歧视、驱逐和屠杀的法律，这正是以众暴寡的一个明证。民主方式的出发点是要遵循大多数人的意志，而不得违背大多数人的意志，但多数人意志即使是真实的，它也并不必然包含了对少数人利益的考虑；并且民主方式虽然体现了人的自由与平等权利，但它本身并不能为这些基本权利的普遍维护提供保障。民主只是一种确保多数人意见胜出的制度，而不是保障任何个人权利不被侵犯的制度。

显然，“以众暴寡”是民主异化的变种。为防治民主的这种异化，就必须使民主受制于能够压缩民主空间的政治条件，这就是法治和自由权利，同时还应当形成良好的民主运行模式和机制。一是要坚持权利底线原则，即每个社会成员同等享受不可剥夺的基本权利，包括生存、自由与追求自身幸福的权利等。这些权利是不能被多数人以表决的方式就可以任意剥夺的。二是要坚持法治原则，即在实行民主的同时，必须坚持法律对公民基本权利的保护。只有当法治规定并且保护了个人的基本权利，个人才拥有不被民主随便侵犯的自由空间和基本利益，民主权力才能够被限定在正当行使的范围内。三是要完善民主的运行机制，并将民主制度也纳入法治轨道。民主政治中要解决的一个重要问题是如何过滤掉民众意见中的非理性成分，保留其中更多的理性成分，并且还要考虑民主如何才能够具有可操作性和更为高效，这就有了代议制民主和“间接选举”方式的出现。民主制度本身同样也需要法律化、法定化，这样才能更好地保证民主真实有效地被践行，避免民主流于形式和表面化。

第三章　法治社会

一　法治优于人治

法治和人治是两种基本的国家治理模式。前者以法律为国家最高政治权威，后者以行政首脑为最高权威。在关于善治国家是选择“法治”还是“人治”的争论中，我们需要明确这一观念：法治以规则治理国家，具有客观性和公正性，能够避免人治的诸多弊端，法治必然优于人治，只有依循法治才能确保社会的长治久安。

1. 法治与人治的根本对立

> “法治”和“人治”之争的本质是国家最高政治权威的归属问题，即是“人在法下”，还是“法在人下”。选择法治，则要反对人治，因为两者无法共存。法制完备是法治的重要条件，并不等同于法治。

“法治”与“人治”是两种不同且根本对立的国家治理模式。法治将宪法和法律作为国家最高政治权威，而人治则将国家最高治权归属于行政首脑或精英集团。法治和人治在逻辑上是一种对立关系，因为我们不能同时将“人”和“法”都作为最高权威，两者之间必有取舍。然而，在当下的政治讨论中，人们对此似乎并未有十分清晰的认识。例如，有一种说法就值得我们注意：通过历史的考察，并不存在单纯的法治或者人治，任何统治都需要将两者结合起来，国家的善治离不开法治，也离不开人治。这种说法如果对应于现实政治，往往会表现为倡导法治和人治相结合的折中路线。当然，与之相似的说法或许还有其他版本，但都大致对应着这样的逻辑：任何统治的主体都只能是人，法是由人制定的，并由人具体实施，因此，法治中依然包含有人治因素，而善治良法就是人治和法治的结合。我们不得不指出这种观点的错误之处在于它将人的作用和法的作用视为人治和法治的区分，若按其逻辑推之，则法治就毫无独立存在的可能。显然，这正是没有弄清楚法治和人治的概念内涵及其关系的原因所致。

我们需要跳出对“人治”和“法治”的日常理解，从理论层面说清两者的内涵是什么。所谓“人治”不能按字面义理解为人作为国家治理的主动者，而“法治”也不能简单理解为是按照法律治理国家。“人治”的真实内涵是，主张将国家的最高治权交给执政者，这个执政者要么是个人，如君王；要么是精英集团，如贵族阶层。执政者按自己的意志对国家实施统治，他可以制定相关的法律让人民遵守，但自己却可以凌驾于法律之上，拥有颁布、修改和废除法律的权力。可见，在“人治”政体中，执政者的权威大于和高于宪法与法律的权威。法治则将国家的最高治权归于宪法与法律，宪法与法律的权威大于和高于执政者的权威，执政者只能在宪法和法律所规定的范围内行使权力。当然，在“法治”国家中也存在法律的修改或废除的情况，但这需要得到全体人民的一致同意和授权，并将相关程序写入具体的法律条文之中，任何个人或利益集团都不能凌驾于法律之上，随意修改和废除法律。可见，法治的国家正是以法律为最高统治的。

当我们明确了人治和法治的基本内涵后，那种以为建立了完备的法律制度就是法治的看法也就站不住脚了。从历史上看，法律制度自古有之，但法治国家却是现代政治的产物。尽管中国的封建社会也有着一套烦琐的法律制度，但我们无法说这是法治，因为它根本上是讲“君权天授”，君主代行天命，具有统治天下的最高权威。君主不受人间俗法的约束，而是遵天之道，修德行义，护民教民。因此，古时国家的治乱兴衰完全取决于君主是否贤明，对明君圣主的期盼也就成了中国古代政治的基本思维。毫无疑问，在封建时代，即使有完备的法律制度，也只是典型的人治时代。只有到了现代，当民主和平等的观念被广泛接受之后，国家主权不再属于个人而是属于全体人民时，“法治”国家的形成才有了其社会基础，与之相应的，一个国家的法律制度是否完备也才会成为检验其法治程度的参考条件。

2. 人治的弊端与恶果

> “人治”依靠的是执政者的德性和智慧，然而人在情感上难免会有好恶，在判断上会出差错。因此，人治模式下的国家政治时常就处在不稳定的状态中，执政不公、政治腐败等现象也就难以杜绝。

要实现国家的善治，就要选择法治而反对人治，这是因为人治本身有着无法规避的弊端，依靠人治无法实现社会治理的预期目标，甚至还是社会腐败与落后的根源所在。在历史上，从古希腊的亚里士多德到近现代的思想家们，大都极力主张法治而反对人治，因为人治必然导致严重的偏私与不公，最后走向政治腐败，而这正是我们要极力避免的。

亚里士多德在回答“由最好的一人或由最好的法律统治哪一方面较为有利”的问题时，认为“法治应优于一人之治”。[①] 而他反对人治的理由大抵有如下两点：一是人治不可避免地会关涉执政

① ［古希腊］亚里士多德：《政治学》，商务印书馆1983年，第167页。

者的精神品性，“常人既不能完全消除兽欲，虽最好的人们也未免有热忱，这就往往在执政的时候引起偏向”。[①] 也就是说无论怎样的执政者包括贤君明主都难免会有情感偏好，这会成为执政的隐患。用我们现代的观点来看，人治若能够取得良好的效果，取决于执政者对政治事务理性且明智的判断，但是谁也无法保证执政者的每一个判断都是明智的，而不出现偏私，正所谓“智者千虑，必有一失”。人性的弱点总会在不经意间进入到执政之中，若没有法律的监督和管控，会导致严重的不公和政治腐败。特别是当执政者成为最高政治权威，握有绝对的政治权力时，以权谋私的情况甚至会成为一种常态而被加以容忍。单靠强调执政者自身的德性修养显然是不足以克服私欲的，即使有极个别人能够做到，也不具有普遍意义。二是亚里士多德认为人治通常是基于个人或少数人的智慧，但是在面对政治领域中的公共事务时，多数人的智慧却更可靠，更少犯错。他的说辞也是十分生动有力的：“许多人出资举办一个宴会可以胜过一人独办的酒席；相似的，在许多事例上，群众比任何一人又可能作较好的裁断。又，物多者比较不易腐败。大泽水多则不朽，小池水少则易朽，多数群众也比少数人不易为腐败。单独一人就容易因愤懑或其他任何相似的感情而失去平衡，终致损伤了他的判断力；但全体人民总不会同时发怒，同时错断。”[②] 亚里士多德是想告诉我们，即便是运用理智来决断事务，也应该求之于全体人民而不是求之于最贤明的人。

亚里士多德反对人治的观点很有说服力。但是支持人治的政治思想家也不乏其人，例如，亚里士多德的老师柏拉图提倡的“贤人政治”就被后人指认为人治学说的鼻祖。柏拉图认为最好的政治是由最贤明的人（哲人）统治的理想城邦，而法治只能称为“第二等好的政治”。在儒家的政治思想中，我们也会看到

① ［古希腊］亚里士多德：《政治学》，商务印书馆 1983 年，第 169 页。
② ［古希腊］亚里士多德：《政治学》，商务印书馆 1983 年，第 164 页。

“为政在人”的说法：“其人存，则其政举；其人亡，则其政息。”（《礼记·中庸》）人治有其优点，但总归是弊大于利，一个社会若采用人治模式，会具有极高的政治风险性，根本无法保证社会的长治久安。纵观历史，我们也无法找到人治强于法治的事实。在中国古代历史中，能称上治世或盛世的时代屈指可数，并且大多时间短暂，昙花一现而已。究其原因，不难发现中国古代社会的治理模式依循的是人治，而不是法治。人治给国家民族带来深重灾难的事例在现代社会仍然频频发生，例如在“文化大革命”中，阶级斗争成为国家政治生活的重心，社会主义民主法制遭到严重破坏，公检法机关被砸烂，宪法和其他法律制度根本不能在社会生活中发生效力，结果酿成了无数的人间悲剧和巨大的历史浩劫。

更为严重的是，如果人治模式成为一种历史沿袭，其恶果则会如鲁迅先生在《灯下漫笔》一文中所说的那般，过往的时代就只是两种时代的循环交替：“任凭你爱排场的学者们怎样铺张，修史时候设些什么‘汉族发祥时代’‘汉族发达时代’‘汉族中兴时代’的好题目，好意诚然是可感的，但措辞太绕弯子了。有更其直截了当的说法在这里—— 一、想做奴隶而不得的时代；二、暂时做稳了奴隶的时代。这一种循环，也就是‘先儒’之所谓‘一治一乱’。”[①] 中国以往的历史在“治乱”交替中循环往复，这是人治模式在历史中延续，未受到根本质疑和挑战的恶果。人治模式不仅造成历史的停滞和僵化、社会的封闭和落后、人民的愚昧和无知，而且它根本上是对人民的奴化统治，统治者是国家的主人，人民只是奴隶。当年鲁迅先生期望青年人去创造中国历史上未曾有过的第三样时代时，我们有理由相信这一时代必是一个法治的时代，而不会是人治的时代。

---

① 鲁迅：《灯下漫笔》，《鲁迅全集》第1卷，人民文学出版社2005年，第197页。

3. 法治的优越性与正当性

> 法治在国家治理上具有稳定性和连续性，能有效确保执政的公正性和合理性。法治离不开民主制度的安排，是现代平等主义精神的实现。

与人治相比较，法治更具优越性和正当性，这是我们认为法治必然优于人治的主要原因。

法治是将法律作为国家的最高权威，依靠法律来治理国家。在人治中，执政者个人的感情因素时常会影响执政的公平公正，因为执政者不可能完全消除人性的弱点，在执政过程中长久地保持冷静和理智而不犯错。相反，法治却没有这样的缺点，因为真正的法律本身是公意的表达，是以维护全体人民利益为出发点的，并且法律是没有感情的，依照法律的裁定不会出现个人的偏私，发生执政不公的情况。如亚里士多德所言："要使事物合乎正义，须有毫无偏私的权衡；法律恰恰正是这样一个中道的权衡。"① 人治总是寄希望于最高统治者的贤明，一旦执政者昏庸愚昧，国家就会陷入存亡的危机之中。法治依靠的是法律的稳定性和连续性来治理国家，即使执政者偶然犯下执政不当的失误，通过法律的约束和管控，也可以使错误得到纠正，将危害降到最低，而不至于影响全局，造成不可挽回的局面。由此，我们也可以知道为什么人治模式下的社会历史总是走不出"治乱兴衰"的魔咒，而实行法治的国家总是团结稳定，常葆繁荣。以西方为例，封建时代的君主可能完全无法想象今日美国的强大和繁荣。自《独立宣言》以来，美国奉行的一直是法治路线，这使其历史上也从未出现过大的政治危机，整个国家在稳定中向前发展，最终确立了今日世界超级大国的地位。法治与

---

① ［古希腊］亚里士多德：《政治学》，商务印书馆 1983 年，第 169 页。

人治，孰优孰劣，由此可见一斑。

如果以上我们只是说出了法治相比人治更具有优越性，现在还需要进一步指出法治的正当性何在，这是我们选择法治而反对人治的另一关键性理由。现代法治是以理性、民主、平等精神为内核的，法治是理性精神的产物，并以追求民主、平等为其价值目的，现代法治的正当性也由此而获得。

法治是人类社会理性意识发展的结果。与法治不同的统治模式，例如神治、人治都与整个社会的愚昧、无知、迷信等非理性因素紧密关联。理性追求真理，具有强烈的质疑和批判精神，这往往会动摇神治或人治社会的思想基础，因此这些社会大都具有反理性、贬低理性的倾向。只有当人类社会进入理性时代，理性战胜了迷信，神治或人治受到理性的质疑和挑战，法治才有了相应的社会思想基础。我们知道欧洲近代的法治开始于对古罗马法的复兴，而古罗马法的基本精神正是对古希腊理性主义思想传统的继承。所以，我们看到，古罗马思想家西塞罗会毫不含糊地指出："正确的理性就是法。"[①] 现代法治精神不仅延续了这一理性精神，还与理性精神所衍生的科学精神相结合，科学和理性就确保了法治在思想上的正当性。

法治在政治上的正当性是由现代民主政治和平等主义价值观提供的。法治离不开民主制度的安排。在封建时代中，只有人治没有法治，因为在专制制度下，王权是最高权威，法律要服从君主的意志，所以没有实行真正法治的可能。只有在民主时代，法律成为公意的体现，人民通过制定法律来保护自身的权利和自由，并通过法律来规范、监督、约束国家权力，没有凌驾于法律之上的更高政治权威，在这样的社会中法治的实行才有可能，可见法治总是与民主政治联结在一起的。现代民主政治同时也赋予了法治平等主义的内涵。民主要求人民共同参与国家政治生活，全体公民享有平等的政

① ［古罗马］西塞罗：《国家篇 法律篇》，商务印书馆2002年，第158页。

治权利，其核心精神是平等主义，体现在法治中就要求法律面前人人平等，反对一切等级特权制度。可见法治跟平等精神也是联结在一起的，法治要求对所有人权利的平等尊重与维护，没有法律面前人人平等就没有法治，所以平等正是法治的内在精神。民主和平等精神就确保了法治在政治上的正当性。

二 法治的基本内涵：法律至上

法治和人治的必然对立要求我们必须弄清楚法治的基本内涵是什么，这样我们才能更好地认识法治的优势，且不会落入人治思维对法治的曲解之中。因为现在几乎所有的人治主张都不会否定法律的作用，而是倾向于质疑法律的地位。简单而言，人治不会主张法律是最高权威，而法治最基本的内涵就是法律至上。在此节中，我们将表明法律至上是法治的基本原则，它具体包含了宪法至上和人民主权至上的核心内容，而从法律至上又必然引申出法律面前人人平等的原则。

1. 法律至上的基本原则

> “法律至上”是现代法治精神的基本原则，其内涵为法律的权威和效力至上，任何人任何团体都必须在法律规定的范围内活动。

奉行法治的国家必将法律视为国家的最高权威，也就是我们常说的遵循法律至上的原则。在封建时代，或更久远的时代，法律至上原则在国家政治中并不真实存在，因为那时共同体的最高权威要么是神权要么是王权，法律作为神权和王权的体现并不具有特别高的地位。只有到了现代时期，法律至上的原则才真正意义上被确立起来，但过程也十分曲折。比较著名的典故是发生在17世纪初英国大法官爱德华·柯克与国王詹姆斯一世之间的关于“王在法下”的对话——

詹姆斯一世：依朕意，法是以理性为基础的，故朕及他人与法官具有同样的理性。

柯克法官：不错，陛下具备伟大的天赋和渊博的学识。但是陛下并没有研读英格兰领地的各种法规。涉及臣民的生命、继承、所有物或金钱等的诉讼的决定，不是根据自然理性，而是根据有关法的技术理性和判断。对法的这种认识有赖于在长年的研究和经验中才得以获得的技术。

詹姆斯一世：如此则国王被置于法律之下，汝等的主张应当以叛逆罪论处！

柯克法官：布莱克斯通有句至理名言，“国王贵居万众之上，却应该受制于上帝和法律”。[①]

柯克的话显然触怒了詹姆斯一世，事后遭受了牢狱之灾。但是历史证明，将王权置于法律之下是时代的大势所趋。1688 年“光荣革命”之后，英国通过了《权利法案》，该法案的主要起草人正是柯克。在《权利法案》中，国王和政府的权力受到了法律的约束，“王在法下”和“法律至上”成为《法案》所倡导的基本精神。英国现代法治传统也由此开端。著名法学家戴雪（Dicey）在描述英国法治的特点时，已明确将法律的至上性放在了首位：“全国人民以至君主本身都须受治于法”；“在英格兰四境内，不但无一人在法律之上；而且每一人，不论为贵为贱，为富为贫，须受命于国内所有普通法律，并须安居于普通法院的管辖权之治下”。[②]实际上，戴雪关于法律至上的思想已是现代法治精神广泛接受的原

① 季卫东：《法律职业的定位——日本改造权力结构的实践》，《中国社会科学》1994 年第 2 期。

② 戴雪：《英宪精义》，中国法治出版社 2001 年，第 231、237 页。

则了。

“法律至上”似乎是一种不言而喻的观念性常识，但其实它的具体含义还需要加以仔细辨析。例如，如果把法律视为“主权者的命令”，那么主权者的权力则始终高于法律，从而主张“法律至上”就意味着要绝对服从主权者的权力，这难免会推导出“恶法亦法”的思想：哪怕一个法律是坏的，但它是通过正当程序制定出来、是主权者意志的体现，就应该遵守。显然，这与我们提倡法律至上，倡导法治、反对人治的主张相悖。又如，如果“法律至上”仅仅指的是实证法、成文法至上，那么它又将导致对自然法（自然正义）的无视和否定，但其实自然法才是实在法的正当性来源，自然法应高于实在法。无论是柏拉图还是亚里士多德等政治哲学家都认为存在着人类理性可以认识的、稳定的、普遍的自然正义（自然法），它是制定实在法的依据和标准，高于实在法。“法律至上”如果推崇的是实在法至上，而不是自然法至上，这就忽略了法律的正当性起源，违背了法律的理性主义精神。

那么，“法律至上”是否在学理上就难以成立呢？答案是否定的。我们必须要指出，以上的考量并没有迫使我们去否定“法律至上”原则，而是提醒我们要在一个恰当的思想限度中去理解它。首先，“法律至上”不能脱离民主与法治的语境，如此才能具有实质性的意义。这就是说，我们不能在法治之外空谈“法律至上”，因为在一个人治国家中，“法律至上”反而会成为专制的口号。只有在一个将民主和平等作为其基本价值追求的法治国家中，“法律至上”才具有正当性，因为在这样的国家中，法律是全体人民利益的体现，并且具有最高的权威性，社会的依法治理才具有可能性。其次，“法律至上”的法律所指的应是良法，即真正的法律，它以理性的自然法为依据和标准，结合一个国家的历史、文化、民族、地域等具体因素制定合乎实际的法律制度。在此意义上，实在法与自然法是相统一的，“法律至上”既是指实在法至上，也是指自然法至上。

“法律至上”是法治国家的基本原则。在法治的语境中，“法律至上”意味着，任何权力和意志都不得凌驾于法律之上，从而任何组织和个人都必须尊重宪法和法律权威，都必须在宪法和法律范围内活动，都必须依照宪法和法律行使权力或权利、履行职责或义务，都不得有超越宪法和法律的特权。法律就是最高的准绳和最后的裁决，无论是普通民众还是政府都要遵守法律、按法律办事，任何人违法也都要受到法律的制裁，决不允许任何人以任何借口任何形式以言代法、以权压法、徇私枉法。真正的法治不是执政者用法律来治理民众，而是体现全民利益的法律成为最高治权本身，因此在真正的法治国家中，决不允许执政者权力凌驾于法律之上，任何政治集团都不得将法律制度扭曲、变形为人治或权治的工具。

2. 从宪法至上到人民主权至上

从“法律至上”的原则中必然会推导出宪法至上和人民主权至上。宪法至上是法律至上的根本要求，人民主权至上则是法律至上的内在前提。

一般而言，在一个法治国家中，主张法律至上根本上就要主张宪法至上，因为宪法是一个国家的“根本大法”。在西方政治史上，“根本法”这一概念很早就出现了，但其内涵却变化不定，没有获得统一。只有到了近代时期，人民对“根本法”的形式和权威性的认识才逐渐形成了共识，这标志着近代宪法观念的成熟。按我国著名公法学家王世杰和钱端升先生的观点，产生于17世纪的两部根本法——美国《康内的各特根本约章》（1639年）和英国《人民公约》（1647年）是近代成文宪法的渊源。这两部法典中已经出现了较为成熟的宪法观念：其一，根本法权力高于普通法；其二，根本法为建造国家的公约，须经由全体人民的表决；其三，根本法必须为成文法，且在内容上要明确规定议会及国家机关权力的限度。[1] 我们现在的宪法观念就是在此基础上的进一步拓展。首先，宪法中加入了对个人的基本权利及其义务的规定，这是对国家权力的一种限制以及对个人权利的有效保障。其次，宪法中还包含了对国家重要机关的职权和相互关系的规定，其中对最高行政权、立法权、司法权归属的规定几乎是所有成文宪法都不可缺少的内容。最后，从法律效力等级的角度来看，宪法居于最高位置，是一般法律的法律效力的根据和来源。

当我们明确了宪法观念的特点后，“宪法至上”原则的含义就清楚了。首先，倡导“宪法至上”必然会强调宪法的政治权威至上，任何国家机关、社会组织和个人都必须遵守宪法，必须在宪法规定的范围内活动，否则将受到法律的追究。其次，宪法的法律效力至上，这意味着当一般法律法规与宪法的基本精神相抵触时，都是无效的。在美国的《联邦宪法》（1787 年）中甚至规定，法官有权根据宪法否认违宪的法规。我们知道制宪权和立法权并不一定是合一的，制宪权归于全体人民，而立法权则可由人民授予执政机关，因此执政者制定的法律违背宪法精神的情况是时常存在的，这时，宪法的法律效力至上的意义就显现出来了，它可以有效防止和纠正执政者背离宪法精神的立法行为，确保法制体系的内在一致性。

实际上，当我们说“宪法至上”时，它又蕴含着人民主权至上。“宪法至上”的基础是“人民主权至上”，因为按照现代宪法的观念，制宪权必须归于全体人民，人民才拥有根本的立法权利。人民拥有制宪权是国家主权在民的重要体现，而主权在民则是立宪国家的一个基本特征。现代宪法观念不仅要求以成文法的形式规定国家的根本组织方式，还要求对国家的性质进行明确界定，即要确立起国家的人民主权性质。“宪法为人民权利书，立宪国家必须是承认人民享有若干参政权的国家；一个国家，如果绝对不许该国人民参加政权的行使，便不能说是一个具有宪法的

① 王世杰、钱端升：《比较宪法》，商务印书馆 2012 年，第 28 页。

国家或立宪的国家。”[①] 由此观之，中国古代尽管有国家的根本组织法，如《六典》《会典》等，但却没有宪法，因为这些法典与人民主权毫无关涉。可见，如果离开了人民主权的问题，不仅无法谈论“宪法至上”，连宪法的存在都是一个问题。

人民主权至上也就是主权在民，拥有主权的人民依靠法律来行使力量，正如法国哲学家卢梭说：“主权者除了立法权力之外便没有任何别的力量，所以只能依靠法律而行动；而法律又只不过是公意的正式表示，所以唯有当人民集合起来的时候，主权者才能行动。”[②] 卢梭将立法权视为“国家的心脏”，而立法权只能属于人民。人民通过两种立法权来体现自己的主权：一是创制权；二是复决权。这表明了人民拥有制宪权和修宪权。按现代宪法观念，国家宪法的制定和修改非同寻常，异于普通法律，因此必须具备两个条件：其一，宪法的修改应取得全体人民的一致同意；其二，人民是主权的主体，宪法的修改应由人民自由决定其机关和方法，而不受外力的干预。也就是说，若我们坚持宪法至上，就必然坚持人民主权至上，两者不可分离。因为如果人民不是主权的真实所有者，那么宪法实际上也就“名存实亡”，会沦为专制和独裁的工具，这时谈论法律至上就毫无意义了。

3. 法律面前人人平等

“法律至上”是为了确保全体人民的权利得到平等的尊重与维护，这体现了法律面前人人平等的精神。法律平等和法律至上有紧密的联系，不能分割，只有厘清了法律平等的复杂内涵后，才能更好地把握法律至上的原则。

---

① 王世杰、钱端升：《比较宪法》，商务印书馆2012年，第23页。

② ［法］卢梭：《社会契约论》，商务印书馆2006年，第114页。

我们时常说在法治社会中，法律面前人人平等是一种常识，但我们是否清楚地明白法律平等的含义呢？法律平等只是指法律的执行对所有公民都是平等的？还是又包括了法律的制定也要体现对所有公民的平等尊重与维护？事实上，法治社会中的法律平等问题要比我们的常识复杂许多，我们认为法律平等的原则应包含三层含义：一、守法的平等；二、立法的平等；三、通过法律实现的平等，这三个层次的统一才是我们所说的“法律面前人人平等”。

首先是守法的平等，即在对法律的遵守上，全体公民都要平等地遵从法律的规范，法律的执行对任何人都一视同仁。这一原则在1789年法国《人权宣言》中得到了明确表述：“法律对于所有的人，无论是施行保护或处罚都是一样的，在法律面前所有公民都是平等的”，而它的思想来源则是根据当时盛行的“社会契约说”。“社会契约说”认为处于自然状态中的人通过协商，以平等的身份缔结社会契约，人的自然平等也就转化为一种对契约的平等遵守义务。现代民主国家一般都会将公民平等的守法义务写入宪法，并制定具体的法律条文来保障这种平等原则，所有公民、党派团体、社会组织都必须在法律规定的范围内活动，任何触犯法律的行为都将受到法律的追究制裁。平等守法原则消除了法律面前特权的存在，任何公民都不得因出身、地位、财富等因素凌驾于法律之上，每一公民都要同样履行守法义务，并且一旦违法都要同样地受到惩罚。古有“礼不下庶人，刑不上大夫”的委婉说辞，今有某某公职人员违法时的“我是×××”的蛮横无理，这些都是违背和藐视法律平等原则的例子。当然，守法的平等同样也意味着司法、执法的平等，这是一枚硬币的两面，若没有司法者和执法者对法律平等原则的严格遵守，守法的平等也就无从保证了。

其次是立法的平等，这是指在法律的制定中，要体现对所有人的平等尊重与保护。如果说守法的平等是对所有公民的平等约束，那么立法的平等就要求在法律的制定中要体现对所有公民的平等保护。试想，如果立法机构制定的法律具有不平等的内容，就算能够平等地施行，也无法实现真实的平等。因此，现代民主国家的宪法中提及的“法律面前人人平等”，就不仅指守法平等，还包含立法平等。坚持立法平等原则，就不能不反对将法律作为阶级斗争工具的观点。按照这种观点，人民在立法时就不应考虑“敌对阶级”的利益，如果坚持立法平等就是“敌我不分”，就有违法律的阶级性。但其实，这种观点不仅违背了法律乃全体公民意志体现的法治精神，而且以社会不同阶级的划分作为法律差别对待的依据，也有违政治正义的公正性原则。实际上，坚持立法平等原则并不会维护“人民的敌人”的利益，因为在法治国家的语境中，社会各阶级都是全体人民的一部分，只有那些破坏法律、践踏法律之人才是“人民的敌人”，对这些人必定会依法给予追究制裁。总之法律应是对全体公民权利的实现与维护，而不是阶级斗争的工具，因此，我们说的立法平等就是全体社会公民在法律形式上获得的一种平等权利，即立法机构应当无视种族、阶级、出身、宗教信仰、教育程度、财产状况等差异，对所有人给予平等的保护和尊重。

最后，法律平等还指通过法律途径实现人与人之间的平等目标。法治社会与人治社会的一个重大区别就在于，法治社会提供了实现平等目标的可行途径，而平等在人治社会是根本不可能实现的。人治本身就以不平等为前提，不平等是维持人治模式的必要条件。在人治社会中，法律只是统治者意志的体现，它不是为了消除不平等而设，而是为了巩固执政者的执政地位而存在，人民为了追求平等的理想，往往就只能通过颠覆现行政权和法律的革命行动来实现，并不企望从法律内部寻找途径。相反，在法治社会中，法律是全体社会公民意志的体现，它以追求社会的公平正义为宗旨，这样的法律就为人民通过合法途径实现合理正当的平等目标提供了可能。

以发生在西方世界的“新社会运动”为例。所谓新社会运动，是指 20 世纪中后期包括女权运动、争取有色人种权利运动、同性恋运动、反全球化运动、反战运动等社会运动的总称。这场运动的中心就是寻求身份的政治认同，试图通过法律系统消除因身份不同而造成的不平等现象，这也是激进民主理论的要义所在。不难看出，激进民主指导下的新社会运动和传统的革命政治有着很大的差异性，其主要的不同就在于，当代西方社会已形成较为完备的法治体系，尽管社会仍然存在着不平等现象，但人民可以通过合法的社会运动对政府的执政和立法施加影响，由此改善自己的处境。而半个多世纪前的西方世界，对人民大众而言，以推翻专制主义、集权主义以及虚假的自由主义国家体制为目标的革命政治似乎才是最好的选择，因为那时并不存在依靠法律武器就能实现正当平等的可能性。由此可见，法治社会中的法律平等，不仅指人们在守法上的平等、立法上的平等，还指通过法律途径追求正当的平等目标的实现。

三　法治的必要前提：良法原则

如果说法律至上是法治的基本原则，那么制定好的法律则是实行法治的必要前提，这就是我们将要详细讨论的良法原则。什么是良法？首先，良法必须是“正义”的法，而“正义的法”既要合乎德性又要合乎理性。其次，良法还要体现对全体人民利益的维护，因此要符合公益原理。最后，从法律系统本身来看，良法应具有普遍性和规范性。

1. 良法是符合“正义”的法

> 法治国家要求的法律应当是良法。当一部法律既能合乎其所在社会的普遍德性，又不违背人类的理性精神时，则可以称之为正义的法，也就是良法。

从现有的文献看，“良法”作为一个确定的概念最早是由亚里士多德提出的。他在《政治学》中写道："法治应当包含两层意义，已制定的法律获得普遍的服从，而大家服从的法律又应该是制定得良好的法律。"[①] 那什么样的法律可以称得上制定良好呢？古往今来，绝大多数政治哲学家都以"正义"为良法的标准：凡是符合正义的法律即为良法，不符合正义的法律则是恶法。亚里士多德认为，正义的法律必须与德性相一致，即要以维护和增进善德为宗旨。柏拉图也曾表示，美德是立法者的立法目标，如果一种法律实现和促进美德，那它就是正义的。可见，一种法律可称作良法就必须首先与德性相符合，有利于德性的维护与增进，从而才能实现惩恶扬善的目的。

按照柏拉图对德性的阐释，德性就是事物本身应有的功能与意义，德性的发挥与实现，也就是事物本身应有功能的实现。譬如，智慧是人的灵魂的德性，也就是人的灵魂独具的功能，智慧的发挥与实现就意味着人的灵魂应有功能的实现。又譬如，城邦的德性在于增进全体人民的幸福，这是城邦应有的基本功能，倘若城邦实现了其增进全民幸福的德性，也就是实现和发挥了其应有的功能。而无论个人还是城邦，当它们处于其德性发挥的良好状态时，它们也就处于自身的良好状态，这也正是我们所要追求的一种"善"的状态。法律要是正义的、符合善的，就应与个人和城邦的德性保持一致，即法律的制定必须要有利于增进德性而不是削弱德性才是正义的。由此可见，良法与德性的关系实际上包含了两个层面：其一，良法应当与公民个人的德性相一致，以增进公民个人的善德为目的。这就要求在法律条文中必须明确规定每个人都要尊重他人权利和公共利益，因为这正是作为社会公民的基本德性所在，通过法律的规范就可以引导人们培养公民德性，加强公民对社会共同体的情感认同并提升他们的理性认知。其二，良法应当与国家总体的德性相一致，以增进国家的善德为目的。这就要求在宪法中必须明确

① ［古希腊］亚里士多德：《政治学》，商务印书馆 1983 年，第 199 页。

规定国家是以增进全体人民的幸福为宗旨的，这是政治国家的基本德性所在，也是国家应负有的法定责任和义务。法律的各部分也要体现对公民权利的保护，以及对社会公平正义的维护，这样的法律则可称为良法。

良法不仅要合乎德性，同时还要与人类的理性精神保持一致，不得与之相违背。人类精神中的非理性或反理性因素（如迷信、反科学、宗教崇拜、领袖权威膜拜等）会导致恶法的产生，而恶法又是专制和暴政的根源。恶法是非理性的，也是违背正义的。理性是“正义之法”不可缺少的维度。西方的自然法学派认为存在着一种高于人类主观意志的自然理性。人类的实在法必须依据自然的理性法则制定，否则就没有正当性和合法性的基础，不是真正的法律。西塞罗曾指出：“真正的法律是与本性（nature）相合的正确的理性；它是普遍适用的、不变的和永恒的；它以其命令提出义务，并以其禁令来避免做坏事。……罗马和雅典将不会有不同的法律，也不会有现在与将来不同的法律，而只有一种永恒、不变并将对一切民族和一切时代有效的法律。”① 他说的“真正的法律”就是合乎自然理性的法，它是绝对正确和正义的，这为我们评判人为制定的某部法典或某项法律原则是否合乎正义提供了可能。或许“自然理性”的说法还带有西方形而上学本体论的色彩，如果去除其自然本体论的背景，它所指的正是人类普遍具有的一种伦理理性。伦理理性是道德实践中的理性精神，它对公民的个人行为和国家的政治行为都具有普遍的指导意义，法律的制定要符合普遍的伦理理性才是正义的。

当然，良法体现的理性精神不只是一种伦理理性，还包含了一种基于对事物性质之间必然关系认知的科学理性。孟德斯鸠认为：“从最广泛的意义来说，法是由事物的性质产出来的必然关系。在这个意义上，一切存在物都有它们的法。……由此可见，是有一个根本理性存在着。法就是这个根本理性和各种存在物之间的关系，

① ［古罗马］西塞罗：《论国家 论法律》，商务印书馆 2002 年，第 104 页。

同时也是存在物彼此之间的关系。”[①] 显然，孟德斯鸠对法的理性的界说与自然法传统已有很大不同。他的说法更接近我们现代的科学理性。在科学理性的指导下，立法者就必须要具体考察事物之间的必然关系，进而更好地理解和把握事物的规律性，确保制定的法律不与之相冲突。良法应符合自然规律和社会规律，而不得与之相违背。例如，《婚姻法》遵循现代遗传科学，制定了禁止近亲结婚的规定；《经济法》不能违背市场规律，否则也难以通行；《环境保护法》要体现人类与自然和谐共处，可持续发展的内在联系。不得不说，尊重客观规律、崇尚科学、顺应历史的发展，也是良法的理性精神中不可缺少的构成要素。

2. 良法要符合公益原理

> 良法在制定过程中应当结合公益原理。若法律的制定只是为了维护少数特权人士的利益，则不可避免地会沦为恶法。反之，若是以实现公共利益为宗旨，维护全体人民的利益的法律则可称为良法。

良法不仅是与德性和理性相一致的，而且它还要与公益原理相符合，即良法要以实现公众利益为目标。亚里士多德认为法律“表达的是全体的共同利益，而不只是统治者的利益”，他将公益原理视为法律正义的内在目的：“正义以公共利益为依归。”[②] 这其中的理由在古典政治哲学家们看来是不言自明的。根据一种自然理性，一种对大多数人来说是有益的事物，总是比仅对某一个人有益的事物更接近真正的善。法律亦是如此，仅对君主有益的法律是一种恶法，而对绝大多数公民有益的法却是一种良法。总体而言，古

① ［法］孟德斯鸠：《论法的精神》，商务印书馆 1995 年，第 1 页。

② ［古希腊］亚里士多德：《政治学》，商务印书馆 1983 年，第 148 页。

典政治哲学家们在论证良法的公益原理时援用的是自然理性精神，而近代以来的政治哲学理论对良法的公益原理做了一种不同的解释。按社会契约说，人们通过转让自己的自然权利结成社会契约并由此获得了社会权利，法律就应是人们通过自然权利的转让而形成的一种公共权力，它对全体公民具有强制约束力，其目的就是更好地保护全体社会公民的合法利益。换言之，如果一个国家的法律不是为了服从法律的人的利益而制定，那么人民就有理由中止社会契约，为争取自己的基本权益而反抗国家及其法律制度。因此，在社会契约说中，任何法律如果违背了公益原理都不是真正的法律。在卢梭看来，法律的公益原理根植在人民主权的国家理论中。因为人民是国家的主人，公意就是立法者，公意不会犯错，因而人民能够为自身制定出合适的法律，并严格遵守之。这样的法律就是良法，因为它是人民意志的体现，符合全体人民的利益。“我们无须问法律是否会不公正，因为没有人会对自己本人不公正；更无须问何以人们既是自由的而又要服从法律，因为法律只不过是我们自己意志的记录。”①

我们认为良法必须要符合公益原理，这意味着：如果一种法律制度的目的是实现全体人民的利益，它才可能是良法；反之，如果仅仅是为了维护少数人或社会强势集团的利益而制定的法律，它则为恶法。但是，恶法也常常伪装成全体人民的意志，对少数人或弱势群体施以压迫与侵害，这既是对公益原则的背离，也违反了平等原则。比较显著的例子有，在“二战”时期的纳粹德国，以希特勒为首的国家社会主义工人党在人民中煽动“反犹”情绪，并以维护全体德意志民族利益的名义，制定了一系列法案，逐步排挤德国的犹太人，取消犹太人的公民权，直接推动并导致了德国纳粹党徒对犹太人的大屠杀行动。也就是说，如果国家执政者以维护大多人的利益为幌子，通过制定法律对少数人进行迫害，这样的法律就

① ［法］卢梭：《社会契约论》，商务印书馆 2006 年，第 47 页。

不再是良法了。

为了使公益原则在法律中得到普遍实现，就必须坚持在法律的制定即立法中体现对全体人民利益的维护。这就需要遵循以下两个基本原则：一是立法保护个人基本权利原则。这意味着，一方面要建立与完善保障公民权利的法律制度；另一方面在制定各项法律时，必须要考虑到此项法案不得对公民基本权利如生存权、自由权等造成侵害，否则立法无效。二是防止行政权力非法干预立法原则。行政权与立法权的适当分离是确保公正立法的首要条件，也只有这样才能从根本上克服“权大于法”的公权力弊端。因此必须由专门的立法机构代表人民进行立法工作，而行政机关只是法定权力的执行者，它不得同时兼有立法权力与功能，才能防止执政者通过立法赋予自身以特权，将自身利益凌驾于人民利益之上。例如，我国的行政机关如国务院也制定相应的法规，但国务院制定的法规对全国人大及其常委会的立法具有从属性，它要以贯彻全国人大及其常委会的宪法、法律和其他规范性法律文件为基本任务或职能，而不得同它们相抵触。

3. 良法具有普遍性和规范性

> 法律是作为一个规则系统而发挥效力的，因而具备一门形式科学所应有的特征，即在法的语言、逻辑、结构、系统等要素上具有普遍性和规范性。这也是一种法律能被称为“良法”的最基本要求。

我们说制定良好的法律必定要具有普遍性，这不仅指人们的行为活动要遵循一个普遍标准，还指法律的效力要适用于社会的普遍对象。首先是法律的语言表述形式。法律条文在陈述上要体现一般性。法律语言和文学语言不同，后者要求在陈述上彰显特殊性，这样才能使语言生动形象，但是法律语言强调的是一般性，以对象明确、概念清晰、符合逻辑为标准。因为法律不是针对个别的、特定的人的行为而设立，而是作为一般对象的人的行为规则。欧洲现代各国的法典时常以古罗马法为参照，其重要原因就在于，罗马法采用确定的概念和原则，在表述上措辞确切、推证严格、结论简明扼要，具有高度的抽象性和概括性，充分体现了法的形式普遍性，故为后来立法者视作典范。其次，法律的内容要完备。这为法律广泛的社会适用性提供了基础。在法治国家中，除了要确立起法律的至上权威，还要完善法律的内容，使法律门类齐全，这样人民的社会生活才有法可依。实际上，在缺少法律明文规定的地方，不仅时常会引发社会纠纷，还为各种权力打法律的擦边球提供了机会。这最终会对人民的权益造成危害，并引发人民对法律效力的质疑。因此，良好的法律体系还应当以现实生活的多样性和社会发展的多变性为参照，对法律的具体内容进行增补，确保其内容具有广泛的适用性。

法律规范性的问题是现代法理学中的核心问题之一，有许多理论家对之进行了深入思考和研究。在此，我们强调法律的规范性是建立在法律作为一个规则系统的基础上的，并且认为良好的法律就是逻辑结构严密，系统内部协调一致的规则系统。法律的规范性是成文法的基本特征，因为成文法是通过“规范”对外在行为进行约束；与不成文法相比，后者不具有“规范性”，而是依靠“先例”的约束方式实施判决；和道德的规范性相比，法律的规范性又具有对身体进行制裁的强制性。那么法律规范性如何体现呢？按英国法学家哈特的观点，法律作为调整行为的社会规则，具有三种基本逻辑形式：规定、许可、禁止，即法律规定、许可和禁止我们以某种方式行动，这是法律系统的第一类规则。在此基础上，还需要第二类规则对之进行补充，即变化规则、裁决规则、承认规则。一个法律体系的有效存在，必须要有人民大众对第一规则的服从，以及对立法和执政机关颁发的第二类规则的接受。只有具备了上述两类规则的法律制度才称得上是规范的。

法律制度的规范性还体现在制度系统的内在一致性，即法律制度之间不得相互抵触和矛盾。首先是各具体法律要与宪法相一致。宪法统摄各部门法，是诸法制定必须遵循的标尺。任何法律一旦违背宪法的基本精神则是无效的。将遵循宪法作为国家法律体系的核心原则是法治国家的重要特点。为了保障宪法的根本地位，加强宪法的法律权威，就有必要推动违宪审查并建立违宪纠错机制，对违宪行为进行法律约束和制裁。其次是各部门法律之间也必须协调一致，不可相互矛盾与冲突，这是法制系统具有规范性的基本标志。前后不一致、相互矛盾的法律法规不仅会给执法者带来困难，还会给守法者造成困惑，从而削弱法律的权威性。因此，在立法过程中，新的法规与既有的法规在内容和形式上都应保持统一性和连续性。制定新法要参照以前的法律，但如果存在相互抵触的情况，则要考虑废止旧法来保证新法的正当性和有效性，这也体现了法制系统的内在一致性。

良法的普遍性和规范性是通过科学、民主的立法获得的，这是一个复杂且系统的工程。就我们国家来看，当前开展科学立法和民主立法应当注重立法机构的独立性和立法过程的民主性。立法机构的独立性首先是指具有立法权的人民代表大会及其常委会在立法事务上的自主性和独立性，确保其在立法过程中不受外在权力的干预。这意味着要建立健全以人大主导立法工作的体制机制，从部门立法全面转向人大立法，有效防止部门利益和地方保护主义法律化，从而实现科学立法。立法过程的民主性需要通过公民有序参与，完善立法项目的征集和论证制度，健全立法机关主导、社会各方有序参与立法的途径和方式来实现。同时，完善保障公民权利的法律制度也能有效推动民主立法。由于不是所有公民都有条件直接参与立法工作，因此公民拥有的知情权和监督权将成为民主立法的重要保障。作为民意代表机关的人大就有义务向公民提供立法活动的相关信息，即要公开包括提案、质询、讨论、审议和表决等重要环节的信息，通过新闻媒体向社会传播，接受全体公民的共同监督。

四 “法典就是人民自由的圣经”

法律必然通过对人们行为的强制规范来发挥效力，但法的强制并没有侵犯人的自由权利。因为合理的法律约束的只是不正当的、侵犯他人自由的任性行为，这样才能保护正当的、能与他人自由共存的普遍自由。正如马克思所说“法典就是人民自由的圣经”，在法治社会中，法律不仅不会侵犯人民的自由，而且是实现人民自由权利的重要保障。

1. 强制性是法律重要的特性

> 法律的强制性通过对人身的武力制裁和对人心的内在规训来发挥作用。从作用方式和表现效果来看，前者是一种显性强制，后者是一种隐性强制，而法律强制正是显性和隐性的统一。

我们前面说一条法律就是一条规则，但道德也是一种规则，那么两者的区别在哪呢？法律规则和道德规则的最大区别就在强制力上。法律具有刚性强制，并且需要外在的武力保障。一般而言，法律强制需要一个社会权威对违反法律规则的人进行身体制裁，执行的过程需要经过严格的程序管理和批准。而道德虽然也具有一定的强制力，但它是一种柔性强制，并不需要一个外在的社会权威来施行人身制裁，对违反社会道德的行为主要是通过个体的内在批判和集体的舆论谴责来进行矫正。相比法律，道德发挥约束作用更多还是要靠个人受自身长期形成的道德观念的影响，从而对道德规范加以自觉地遵循。由此，我们认为法律是一种强强制性约束，而道德是一种弱强制性约束。

作为强强制性约束的法律又可以分为两种模式，即“显性强制”和“隐性强制”。所谓显性强制就是对人身的武力强制，这是法律强制的一般特征。我们可以将一个法律行为分解为三个要素：主体的意志行为、法律规范和行为引发的法律后果。当主体的行为违反了法律规范，司法和执法机关依据相关规定对行为主体进行制裁，而制裁的手段又不可避免地具有武力性质，这样的法律强制就是一种显性的强制模式。与之相应的是隐性强制模式，这一模式主要通过法律内在的威慑力和守法者对法的情感趋向和价值认同来发挥作用。内在威慑力由武力强制产生，使人对法律心生敬畏，将违法必究、犯法必惩的观念烙印在人们心中，确保了法律不可侵犯的威严。当然，法律的内在强制模式最终效果是要让法律的制裁获得人们的普遍认同，使其在情感和价值偏向上与法律的要求相一致。这样人们遵守法律就不只是出于对法律武力制裁的惧怕，而是在内心中就认可这样的法律是正义的，是必须遵守的。

法律的强制性是显性和隐性的统一，两者不可偏废。显性强制是任何法律强制都必然具有的一般性特点，这是法之为法的基本前提。一些法学家将法律强制等同于社会规则和身体制裁共同作用，其实所指的就是法的显性强制。[①] 法律显性强制模式通过合乎逻辑的法律规范产生作用，法律规范对合法和违法行为进行区分，并对违法行为实施武力制裁。进而言之，从法的显性强制的角度来看，法律要成为政治共同体中的最高权威，要具备实际的规范效果，不仅需要制度的支撑，更需要武力的保证。但是，法律的维持仅凭显性强制是不够的，还需要获得人民的普遍认可和接受，要让人民对法律的遵守成为一种习惯，而不仅仅是出于对自身遭受制裁的惧怕，这就需要隐性强制的效力了。法的隐性强制对人的内在心灵和情感结构施加作用，让人们对违法行为感到本能的厌恶，对遵纪守法、维护法律正义的行为加以称颂，并视其为一种社会美德。如果

① ［美］杰弗里·托马斯：《政治哲学导论》，中国人民大学出版社 2006 年，第 127 页。

法律制度得不到人民普遍的情感接受，即便是通过武力强制施行，也难以发挥其应有的效力。总之，法律的显性强制和隐性强制是统一的，显性强制是隐性强制的基础，隐性强制是对显性强制的升华。在法制健全、法治精神为人民普遍了解和接受的国家中，人民不会觉得法律是异己之物，是对自己的束缚，而是自己意志的产物，是对自身自由权利的保障，这就是法律隐性强制效果的显现了。

2. 法的强制性与人的自由

> 法律的强制性与人的自由权利不会构成冲突。法律惩戒的是侵犯他人自由的任性的、特殊的自由行为，保护的是能够相互共存的、普遍的自由权利。只有通过法律的强制作用，人类正当的自由权利才能得以确立和维护。

从表面上看，法的强制性与人的自由是有冲突的，因为法律总是规定人们能做什么，不能做什么，若有违反，则必有制裁。法的强制总是约束着人们的自由。那么，我们是否能够从中推导出法律本身也会对人的自由造成损害，使人陷入了不自由的境地？毕竟在自然状态中，自然人享受着一种无限制的自由。毫无疑问，我们不能做出这样的推理，其原因就在于，在法治社会的语境下，真正的法律所要限制的只是人们的部分自由，而且这部分自由恰恰构成了对自由的侵害，法律对部分自由的禁止正是为了维护普遍的自由权利，因此法律绝不是对自由的侵害，而是对自由的维护。

首先，法律禁止的是人们任性的自由。在原初的自然状态下，人们的自由是有冲突的。自然状态下的人有着“无限制的自由”，但这也意味着人与人之间无止境的冲突和战争，因为每个人的自由行为都可能侵犯到他人的自由，或者受到来自他人的自由的侵犯。因此，在“无限制的自由”中存在着“侵犯自由的自由”，为了禁止这一任性的自由，更好保护自己的生命财产，人们建立起国家和法律，给“无限制的自由”划定不可逾越的界线，这就是我们说的法律对自由的约束。在黑格尔看来，法律禁止并给予制裁的正是任意、非正当的自由，他称之为“不法”。他说每一个人都有自己的意志，因而是自由的，而“自由意志的定在，就叫做法”。[①] 所谓“定在”，就是自由的具体实现。法律仅对任意的自由进行约束，它要求人们必须在法所规定的正当自由之中活动。如果遵守法律是对法的“肯定”，那么触犯法律、侵犯法定自由的意志行为就是对法的“否定”，即“不法”。法律制裁的是“不法”，即“否定之否定”，是对破坏自由权利的自由的否定。所以，当法律禁止人们任性的自由时，也实现着对人们正当自由的保护。

与之相应，法律保护的是人们的普遍自由。法律明确规定人的自由权利是不可侵犯的，并对非法自由加以禁止来实现对合法自由的保护，而法律所要保护的自由是可普遍化的自由权利，也就是与其他所有人的自由可以并存的自由。康德认为存在着适用于所有人的权利的普遍原则，依据这一原则，人们的自由互不冲突且能实现共存。“任何一个行为，如果它本身是正确的，或者它依据的准则是正确的，那么，这个行为根据一条普遍法则，能够在行为上和每一个人的意志自由同时并存。”所谓一个行为是“正确”的，实际上是指合乎这样一条理性法则：“外在地要这样去行动：你的意志的自由行使，根据一条普遍法则，能够和所有其他人的自由并存。”[②] 这是说，当我去做一件事时，如果我的行为不妨碍他人的自由，并且他人如此行动也不妨碍我的自由，那么这一行为就是合乎理性的普遍法则。法律所保障的个人自由必须是合乎理性的普遍的自由权利，而法律强制只有在自由遭受侵害时才发生效力。法律强制就是对妨碍自由的行为的制止，是对自由的捍卫。康德还表

① ［德］黑格尔：《法哲学原理》，商务印书馆1982年，第36页。

② ［德］康德：《法的形而上学原理》，商务印书馆2012年，第40—41页。

示，通过法律的普遍的相互强制，能够使所有人的自由相协调。比如，当人们说债权人有权要求债务人还债，这是因为债权人可以凭借法律的外在强制力迫使任何一个债务人还债。这一要求合乎所有人的自由，即使是债务人。由此，法律的强制力在多种权利的交织结构中起到了平衡作用，在最大程度上保障了每一个人充分享有自由的可能。因此，法律强制不仅无害个人的自由，还会是保护自由、捍卫自由的必要条件。

3. 法律是人民自由权利的保障

> 当人民的自由权利被写入法典，得到法律的保护时，才有其实质性意义。如果某部法典只是特权阶层专横任性的产物，就是虚假的法律，是形式的法律。真正的法律禁止法外特权的存在，是人民意志的实现，是人民自由权利的捍卫者。

真正的法律所要制裁的只是“侵犯自由的自由”，也就是任性的、非正当的自由，而这正是对人民普遍自由权利的最强有力的保护，所以“法律正是人民自由权利的保障”。这个观点集中包含在马克思所说的“法典就是人民自由的圣经”的命题中。

该命题出自马克思青年时期写成的《关于新闻出版自由和公布省等级会议辩论情况的辩论》一文。在文章中，马克思尖锐地批评了普鲁士当局颁布的书报检查制度，并提出了新闻出版法的重要意义。“新闻出版法根本不可能成为压制新闻出版自由的措施，不可能成为以惩罚相恫吓的一种预防罪行重犯的简单手段。恰恰相反，应当认为没有关于新闻出版的立法就是从法律自由领域中取消新闻出版自由，因为法律上所承认的自由在一个国家中是以法律形式存在的。法律不是压制自由的措施，正如重力定律不是阻止运动的措施一样。因为作为引力定律，重力定律推动着天体的永恒运动；而作为落体定律，只要我违反它而想在空中飞舞，它就要我的命。恰恰相反，法律是肯定的、明确的、普遍的规范，在这些规范中自由获得了一种与个人无关的、理论的、不取决于个别人的任性的存在。法典就是人民自由的圣经。”①

从马克思对“法典就是人民自由的圣经”的具体阐述中，我们可以得出以下两点：第一，当自由以法律的形式存在时，才能够厘定普遍自由权利与任性自由或特权的界线。自由是人的本质，没有人会反对自由，反对自身的意志。人的自由有多种表现形态，我们可以借助法律进行区分：当个人自由凌驾他人自由之上，这是任性的自由，是一种特权；个人自由与他人的自由协调共存，这是正当的自由，是一种普遍权利。法律承认和保障的是普遍权利，而不是特殊权利。马克思认为普鲁士当局颁布的书报检查法不是真正的法律，因为书报检查法是从维护统治者利益的目的出发，侵犯了人民的出版自由这一普遍权利。书报检查法是一种特权的象征，书报检察官对出版物进行审查时，使用的是一种任性的自由。马克思指出：“如果对精神事物的理解是个人的，那么，一种思想观点有什么权利高于另一种思想观点，书报检察官的意见有什么权利高于作者的意见呢?”② 书报检查法无疑是把“任性提升为法律”，把法律和任性混为一谈。相反，新闻出版法是对人民的出版自由在立法上的认可，它保护的是人人所有的普遍权利，因而是真正的法律。

第二，真正的法律能够为禁止特权侵犯普遍自由权利提供最强有力的保障。当普鲁士当局实施书报检查法之时，就是用特权侵犯人民的普遍自由。面对这种虚伪的、为特权阶层服务的法律，马克思区分了“真正的法律”和“形式的法律”。“真正的法律”是对人民的自由捍卫，“形式的法律”是对人民自由的侵犯。书报检查法徒具法律的形式，是“形式的法律”；新闻出版法才是“真正的法律”。那么什么是“真正的法律”?“真正的法律”要符合两个要

① 《马克思恩格斯全集》第1卷，人民出版社1995年，第176页。
② 《马克思恩格斯全集》第1卷，人民出版社1995年，第179—180页。

点，其一，“法律只是在自由的无意识的自然规律变成有意识的国家法律时，才成为真正的法律”。[①] 这是说法律应当是对客观规律的认识和表述，人的自由的存在也有其自身的客观规律性，这是法律产生的客观基础。人们通过认识和把握自由的客观规律来指导自己的社会生活，实现了自由的自然法向国家法的过渡。因此，真正的法律就不是人类的主观意识和愿望的产物，而是对自由规律的客观反映。其二，真正的法律还必须体现人民的意志，保护普遍的自由权利，禁止特权的自由任性。马克思表示，新闻出版法是对人民拥有出版自由的肯定，对人民的自由投信任票。在出版法中，自由是惩罚者，即对自由的滥用进行惩罚；而书报检查法怀疑人民的自由，在其中，自由是被惩罚者，自由成了罪犯。两者的差别就是任性和自由的差别，是形式的法律和真正的法律的差别。真正的法律是对人民自由权利的保护，而形式的法律只是统治者“任性”的产物，是压迫人民、奴役人民的工具。所谓“任性”就是违背了客观规律的主观意志以及违背了普遍意志的特权意志。可见，颁布新闻出版法的国家就不可能存在书报检查法，因为真正的法律不会允许特权侵犯正当自由的情况存在。

不得不说，马克思对真正的法律和形式的法律的区分，正好揭示了社会的法治和人治模式下的法与自由的关系形态。在法治社会中，法律与自由是统一的，人民通过法律保护和实现自己的权利，通过法律强制杜绝任何个人意志凌驾法律之上侵犯人民的自由；在法治社会中，个人自由和集体的普遍自由是统一的，因为在法律规范下，个人自由和普遍自由形成了互不侵犯、相互统一的理想状态。反之，在人治社会，法律的制定是出于个人和少数人的意志，人民的意志无法实现，法律就是一种维持政权的统治工具。这样的法律也只是一种空洞的命令形式，不会产生法律应有的社会效力。同时，在人治社会的法律中，法律规范的强制直接成为压迫人民、

① 《马克思恩格斯全集》第1卷，人民出版社1995年，第176页。

实施暴政和专制的力量。由此，法律强制不但不能维持国家的长治久安，更无法成为人民自由权利的保障。所以，当马克思说“法典就是人民自由的圣经”时，他所想的绝不是普鲁士的人治法典，而是一个反映了人民意志、肯定人民自由的法，即法治社会的法典。

五　法治作为国家治理的基本方式

前面我们讨论了法治的优越性、法治的核心内涵与基本前提、法律约束与自由的关系，本节我们将阐明的是，法治作为国家治理的一种基本方式，它是国家善治的重要标志，没有法治就没有善治，善治必须建立在法治的基础上。法治之“治”又主要体现在两个方面：以法治民和以法治权，即要通过法律形式规范与约束公民个人行为和公共权力运行，这是实现善治国家的首要条件。

1. 法治是实现善治的基础

> 法治之所以是国家善治的基础，是因为只有法治才能从根本上保障国家公民的基本权利，也只有法治才能高效推进公共福祉的实现和创造。也就是说，法治从个体到集体层面都为国家之善治提供了坚实基础。

法治是善治社会的基础，一个社会若离开了法治，就难以称之为善治。所谓“善治”（good governance），在古典政治哲学那里就是“最好的治理”，并且只有合乎正义和理性的政治才能称为善治。到了现代民主社会，善治的基本内涵还要覆盖两个层面：一是保障公民基本权利；二是实现公共利益。然而要实现善治就离不开法治，法治是善治的基础，是实现善治的必要途径，也是善治的主要标志之一。

保障公民权利是善治社会的基本要求，但只有通过法治途径才能真正实现。公民权利从人的自然权利发展而来，当人类进入国家生活之中，通过对自然权利的转让和授权，获得了作为共同体成员的权利。为了防止公民权利遭受侵犯，共同体通过法律形式筑造了公民权利的保障体系。通常而言，这一法制保障体系的确立是一个从上至下、不断具体化和完善的过程。首先是宪法对公民基本权利的规定和宣告。作为国家根本大法的宪法不仅要规范公共权力的行使范围，还要规定公民在经济、政治、法律、社会、文化等方面所应有的基本权利，在法律制度的顶层设计上确保两者互不相侵。宪法对公民基本权利的宣告也就成为人民维护自身权利的最高依据和保障。然后，以宪法精神为最高准则的普通法律应针对变动不居的社会生活，具体落实和完善公民权利的制度性保障。有了公民权利的宪法宣告并不等于实现了权利的保障，还需要借助一般性立法的力量。然而在现实情况中，立法工作和社会的高速发展并不能完全保持同步，会有一定的滞后性和视野盲区。因此，公民权利保障的法制建设就会是一个不断发现问题、解决问题，不断修正、不断完善的过程。需要强调指出的是，离开法治途径来谈公民权利的保障极易流于空言。原因很简单，试想一个人如果生活在一个非法治的人治国家，在其权利遭受强权特别是公权力的侵犯时，既无宪法规定的权利可以援引，又无一般法律可以诉求，其权利得不到宪法与法律的保障，就只能寄希望于权势者的“仁慈宽大”，或者得以幸免于难；或者就只能成为强者的砧上之肉，任人宰割。可见对于一国之公民而言，“没有法治就没有权利”的说法是成立的。

实现公共利益是善治社会的又一基本要求。公共利益通常包含公利与公义两个方面，只有公利公义得以充分实现的社会才是善治的，而这也有赖于法治的实行。公利属于物质范畴，如公共财产、公共财富和公共福利等；公义则属于精神范畴，如公平、公道、公正等道德价值。一个社会要实现公共利益的最大化，则意味着要在物质财富的获得和公共德性的增进两方面取得成效。然而，这两者在本质上却并不协调一致。物质财富的积累并不一定会推动社会道德的进步，并且，如果一个社会以物质利益为最高追求，那么其公共德性的退化也就难以避免。但是良好的法律却能够实现财富和道德、公利和公义的统一。良法能够引导人们在不损害公利的前提下追求个人利益，并使个人利益的实现成为公利实现的组成部分。良法具有的精神教化作用能够培养人们崇尚公义的道德品性，而法律的具体实施也能够有效地防止人们破坏公利公义的行为。如果说善治是促进社会利益的一种最优管理方式，或如学者俞可平所说的“实现公共利益最大化的管理过程”①，那么法治就是其必不可少的前提条件。因为，实现社会的最优管理离不开稳定的公共秩序，离不开合理正当的社会合作关系的建立，也就离不开法治。在法律对个体行为和政府权力进行规范的同时，也实现了对社会关系与秩序的规范，推动了稳定、责任、高效的公共体系的建立，加强了政府与公民、公共部门与社会团体之间的正当合作与良性互动。

法治是社会善治的一个主要标志。善治之“善”，不仅体现在它所追求的正当目的上，还体现在它所采取的正当手段和途径上。在人治国家中，执政者不仅可能背离维护与实现人民利益的宗旨，而且人治通常与专制紧密相连，它是对人的尊严与权利的践踏，因此人治本身也是一种“非正义”的方式和手段。这如同意大利政治哲学家马基雅维里所说：“要保持国家，常常不得不背信弃义，不讲仁慈，悖乎人道，违反神道。”② 法治则不同。法治内在的公正精神和无偏私性决定了其手段之善，它本身就体现了对人的尊严与权利的尊重。因此法治不仅是治国重器，还是治国良器，它本身就是善治社会的基本特征之一。

① 俞可平：《治理与善治引论》，载《马克思主义与现实》1999 年第 5 期。

② ［意］马基雅维里：《君主论》，商务印书馆 1987 年，第 84 页。

2. 依法规范与约束公民个人行为

法治是国家治理的一种基本方式。法治之“治”，首先体现为依法规范和约束公民的个人行为，这能防止公民个人权利的互侵，保护公共利益不受损害，还能增强社会守法意识，营造良好的法治文化氛围。

运用法律对公民个人行为进行约束和规范，是法律产生的最初原因，也是推动社会从自然状态进入文明状态的重要因素。在自然状态中，每个人都有着不受限的自由，其意志行为没有受到外在强力的约束。人唯一遵循的是自然的法则，并以此来保存自己的生命，满足自己的需要。但自然状态并非一个美好的状态。当每一个人都拥有不被限定的自由和需求时，彼此间的争端就难以避免了。由于在没有任何外在权威的情况下，谁也不会轻易服从谁，争端的最终解决就只能诉诸武力。这就是霍布斯所说的“战争状态”：“每一个人对每个人的战争”，“最糟糕的是人们不断处于暴力死亡的恐惧和危险中，人的生活孤独、贫困、卑污、残忍而短寿”。可知，若没有任何权威对个体行为进行约束和规范，不仅不会有社会文明的产生，个体连最基本的生存都难以维持。

霍布斯指出，自然个体为了和平而终止战争状态，他们转让出自己的自然权利结成社会契约，此时人类就进入到国家生活之中。国家为了维持这来之不易的和平，制定了民约法（市民法），并要求每一个成员有义务服从它的权威，在具体事务中以此为规范，调整和约束自己的行为。因此，在国家诞生之初，法律的作用主要就是对公民的自由（自然权利）作出有益的限制：“人们的天赋自由则可以由民法加以剥夺和限制，甚至可以说，制定法律的目的就是要限制这种自由，否则就不可能有任何和平存在。世界之所以要有法律不是为了别的，就只是要以一种方式限制个人的天赋自由，使他们不互相伤害而互相协助，并联合起来防御共同敌人。”① 从法律的最初产生可知，对公民个人行为的规范与约束是其最基本的功能之一。自从有了国家和法律以来，人类就开始了政治文明的历史创造，人类社会也就从非政治状态进入到了政治状态，即从自然状态进入到了文明状态。

一个国家，特别是将法律视为最高权威的法治国家，需要运用法律从如下两个方面规范和约束公民的行为：第一，在社会活动中，公民个体间的交往难免引起冲突，发生权利互侵的情况。因此，需要制定法律对公民的基本权利和义务作出详细规定，让每一个公民在享有自由的同时，明白其活动的界限和行为的尺度，以防对另一个体的权利构成侵犯。法律还应明确规定对他人权利的侵犯行为所应受到惩罚，一旦发生公民个体间的侵权行为就应严格按法律规定加以制裁，任何人都不得例外，才能有效防止公民个体间的相互侵犯与伤害。第二，法律还应防止公民个体对公共利益的侵害。在民主法治的国家中，公共利益是全体公民的福祉所在。当公民个体对公共利益造成侵害时，受到影响的就是全体人民。一般个体的行为在违反社会公德、扰乱社会秩序时，会对公共利益构成损害，而身处权力部门的个体受私人利益的驱使而非法行事所造成的损害则会更为严重。对此，法律通常会对公民个体行为进行约束和规范，确保社会政治、经济公共秩序的稳定。同时在法律平等的原则下，任何个体在侵害公共利益之时，不论其社会地位、家庭出身、财产状况如何，都将受到法律一视同仁的对待。

法律对公民个人行为的规范与约束能够有助于推动社会守法文化的形成，这是法治社会的重要构成部分。法治就是要树立法律的最高权威，法律的权威又源自人民的内心拥护和真诚信仰，这就有赖于法治文化的形成。对公民个人而言，法治文化体现为守法文化。守法文化能够带给公民自觉守法的意识，能够将对法律强制的

① ［英］霍布斯：《利维坦》，商务印书馆1997年，第95页。

外在服从转化为公民内在思想情感的认同，能为社会培养出“法治公民”，使之崇尚法治、捍卫法治。守法文化的形成始于法律规范的确立和施行，法律规范的最终目的是要让公民明白如何行动才合乎法律正义，而法律正义则是法律能够促进社会道德文化进步的重要因素。如霍布斯所言，国家成文法律要吸纳自然法的原则，体现出“自然正当”，“因为自然法就是公道、正义、感恩以及根据它们所产生的其他道德”。[①] 自然法是善德的根源，而体现“自然正当”的法律正义则会推动社会道德的产生和传播。由此可见，法律对公民行为的规范与约束是守法文化产生的直接原因，同样，法治的推进也才是法治文化形成的直接原因。由此，我们有理由反对这样一种观点：“一个国家没有民主法治传统就难以实现民主法治，出于现实的考虑，要么不推行民主法治，要么就推迟民主法治。”这种观点的错误之处就在于，没有认识到法治传统作为一种政治文化传统，其形成需要一种伟大的创制行为来开启。因为世界上难以有从其建立之初就存在法治文化传统的国家，但却能够有以法治立国的国家。法治文化传统是法治的产物，如果以法治文化传统的薄弱来反对或推迟法治，不仅在逻辑上说不通，在事实上恐怕是为彻底拒绝法治而准备的托词。

3. 依法规范与约束公共权力运行

依法规范和约束公共权力是法治的重点和难点。无法律限制的公权力会给国家带来无法估量的政治风险，是造成政治腐败、社会动荡、民心惶惶的主要原因。合理且有效限制公权力运行需要推进政府权力的法规化，建立依法决策机制和法律监督机制。

---

① ［英］霍布斯：《利维坦》，商务印书馆 1997 年，第 207 页。

法治之“治”，另一重要体现就是依法规范和约束公共权力运行。公共权力是伴随着国家的出现而出现的。在人类社会处于自然状态时，并无公共权力的存在，也就无所谓公权力的制约问题，只有当社会进入政治文明状态后，才有了公共权力的存在，也就有了公权力的制约问题。正如存在着个人权力侵犯公权力的可能性，那么同样也存在着公权力对个人权利造成危害的情况，并且从现实情况来看，后一情况还更为常见和严重。

人类历史从野蛮进入文明的标志之一就是政治共同体的出现。政治共同体需要良好的管理才能持续存在下去，但人民又不能事事亲为，全都参与其中，于是人们组建政府，选拔人员专门从事公共事务的管理。公共权力也由此产生，并且其所有者和执行者也就分离了。公共权力由于是公民个人权利“让渡”的产物，具有高于个人的权威，它要求每一个人无条件地服从。公共权力的作用也十分明显，它有效地制约了个人权力，结束了一切人反对一切人的无序状态。它还使个体间的理性交往成为可能，是社会构成的黏合剂。公权力的良性运作将会带来和平与秩序。也正是因为公权力具有如此重要的功能，一个政治共同体总是赋予它崇高地位。因此，对公权力的运行若不能有效地加以规范和限制，一旦出现滥用和失控的情况，不仅会对公民个人造成巨大侵害，甚至还会损害公共利益，导致公权力的异化，最严重的结果就是使政治共同体陷入崩溃的境地。

在公共权力中，国家权力是重要构成部分，也是公共权力的实际主导者。近代许多政治思想家谈及公共权力时，指的就是国家权力。国家权力的运行是通过政府的组织和安排来完成的，因此我们会看到洛克、孟德斯鸠等人在讨论如何限制公共权力时，他们具体谈论的是如何制约政府的权力。在西方国家中，对政府权力的限制一般采用分散权力的方式。这首先是因为政府权力就是公共权力的象征，思想家们认为难以在政府之上再设立一个更高的行政权威。在西方历史上，教权高于政权的情况持续了数个世纪之久，严重阻碍了社会的发展，因此近代以来的政治学说无不强调国家主权的至上权威，这也是从历史教训中习得的经验。可见，在主权的代理者（政府）之上不可能设立另一个权力实体，那么要制约政府权力的较好方式就是分权制衡了。分权制衡能够有效防止公共权力过于集中而造成国家政治系统的权力失衡，能够从根本上杜绝因权力过大而带来的行政腐败，也能降低行政决策失误所带来的政治风险。分散公权力一般是通过国家法律实现的，法律反映了全体公民的意志，因此也可以认为分权制衡实际上就是公意对国家权力系统的一种调控和规范。

毫无疑问，对公共权力最有效的制约就是法律。尽管也有学者主张从道德层面来实现公共权力的制约，但在取得的实效上却十分有限。用道德约束公共权力主要是加强公共管理者的道德自律，希望通过管理者自身的道德觉悟而实现对个人行为的约束。但这不是一个短时间能够完成的任务，因为构建良好的社会道德环境和悠久的公共伦理教育传统都是实现道德约束不可缺少的条件，而这两点都是一项长期的工作。同时，在一个没有实施法治的国家中，公共权力的运行得不到法律的有效规范与约束，仅靠强调自我道德修养是远远不足以对权力形成真正有效制约的，从而会将这一问题永久地搁置起来而得不到解决。例如，在我国古代长久的帝制传统中，对君主和大臣的道德品性的要求是国家政治十分关键的一环。所谓“盛世”和“乱世”都取决于君主是否圣明、群臣是否贤能，而丝毫不会意识到公权力的异化和腐败才是社会“治乱”的原因，也就提不出公权力的法治规范和制约问题，更谈不上对问题的解决。所以我们认为，即便存在着公权力道德制约的可能性，也要建立在法律制约的基础之上。因为只有通过法律设定公权力的运行程序及其范围，明确规定公权管理者的职责，并严格禁止各种滥用权力的行为，才能对公共权力运行发挥最有效的制约作用，且对公权管理者道德品性的培养才有可能。

在法治国家中，作为公权力代行者的政府应该依法行使权力，接受法律的监督。因此，法律需要从以下三个方面来实现对政府权力的规范与约束：一是行政权力法规化。制约权力首先就要规范权力，即要通过立法的方式将政府的职能、权限明确化、规范化。为此就要完善行政组织和行政程序法律制度，推进机构、职能、权限、程序、责任法定化，使权力运行有章可循、有法可依，防止行政权力的逾越失序和无度滥用。坚持法定职责必须为、法无授权不可为，不得法外设定权力，推行权力清单制度，坚决消除权力设租寻租空间。这是将行政权力纳入了法制轨道的首要环节。二是要建立健全依法决策机制。要依法决策就需要一套法定的决策程序，这一程序可由公众参与、专家论证、风险评估、合法性审查、集体讨论组成。依法决策还意味着要建立对决策过程的法律监督机制，因此有必要建立行政机关内部重大决策合法性审查机制，以及重大决策终身责任追究制度及责任倒查机制。三是要建立健全权力运行的法律监督机制。对公权力的监督形式有多种，但法律监督才是关键和根本所在。法律监督具有的规范性、强制性和公正性，使其成为最有效的监督形式。政务公开是对权力监督与制约的一种重要方式，而政务公开同样需要加强法律建设，只有将政务公开的内容、程序、主体等进行法定化，才能保证政务公开的落实并发挥其应有的权力监督功能。因此，通过以法律监督为主，结合舆论监督、群众监督和行政权力自身内部的相互监督等多种形式，建立起对公权力全方位的监督机制，才能从根本上防止公权力的腐败和异化。

第四章　权利保障

一　人权概念的发展历程

保障人的权利和限制公共权力的滥用是善治社会的基本特征。保障人的权利，首先要清楚“人为什么拥有权利”以及“人拥有哪些权利”。对于“人为什么拥有权利”，人们最熟悉的就是“天赋人权”理论。在反思“天赋人权”理论的基础上形成了自为人权理论。通过国际公约和国家宪法，人权从理论走向了实践。

1.“天赋人权”理论的意义与局限

> “天赋人权”理论强调人的权利具有天然平等性。在历史上，“天赋人权”理论具有启蒙和解放的意义，它在推动资产阶级革命、反对封建等级特权中发挥了积极的作用。但“天赋人权”理论也存在着自身的理论缺陷和局限性，一味强调权利的天赋性会成为一些人作恶而逃避惩罚的借口。

“天赋人权”理论是人们反思等级社会的产物。在等级社会中，不同人拥有不同的权利。个人在社会中所处的等级越高，他所拥有的权利就越多；相反，个人在社会中所处的等级越低，他所拥有的权利越少，直至没有权利，只是“会说话的工具”。对于权利上的不平等，有的人认为是“命中注定”的，认为人与人之间就应该不平等，并且只有保持和维护这种不平等才有利于社会的稳定和发展；有人则认为，人与人之间的不平等是一种“恶”，这种“恶”是社会造成的。比如古希腊悲剧作家欧里庇德斯就认为：“根据自然法则，奴隶和自由民应该是一样的，奴隶之所以成为奴隶，不是因为他们愚笨，而是社会制度和城邦法律造成的。”[①] 近代以来，资产阶级思想家们更是对等级社会的不平等现象进行了批判，在此过程中提出了人权的概念和思想，其中，卢梭提出的“天赋人权”尤为典型。

卢梭的“天赋人权”理论主要包括以下四个方面的内容：第一，人生而自由，自由是人的本质，“自由乃是他们以人的资格从自然方面所获得的禀赋”。[②] 只要人的理智是健全的，他就不会放弃自己的自由。如果一个人放弃自己的自由，也就放弃了做人的资格，因此也就放弃了作为人的权利与义务。第二，人生而平等，权利平等同样出自人的天性。在自然状态下，人具有爱心和怜悯心，使他不忍恃强凌弱而是尽可能帮助弱小；但是从自然状态过渡到社会状态，由于人智慧和技巧上的差距导致收入和分配上的悬殊，并在此基础上产生出了社会不平等。第三，人民主权，人民是主权者，政府只是主权者的公仆，人民的主权具有不可转让、不可分割、至高无上等特征，人民主权的主要形式是立法，“立法权是国家的心脏”，政府的行政权由立法权派生。第四，反对暴政的权利，人民设置政府的目的是为了保卫生命、自由和财产等。但是，当政府侵害了人民的生命、自由、平等和财产等权利，即用暴力奴役被统治者，像狼一样只想吃人，就从合法权力演变为专制权力，人民为了维护社会契约和自己的权利，反抗暴政就无可非议。卢梭指出：“当人民被迫服从而服从时，他们做得对；但是，一旦人民可以打破自己身上的桎梏而打破它时，他们就做得更对。因为人民

① 张宏生、谷春德：《西方法律思想史》，北京大学出版社1990年，第4页。

② ［法］卢梭：《论人类不平等的起源与基础》，商务印书馆1996年，第135页。

既是根据别人剥夺他的自由所根据的那种同样的权利来恢复自己的自由，所以人民有理由重新获得自由的，否则别人当初夺去他的自由就不毫无根据的了。”[①] 人民有理由恢复自己的自由，并重新获得自由。

“天赋人权”理论在历史上具有启蒙和解放意义。首先，“天赋人权”理论有力地反对了天赋特权理论。天赋特权理论主张某些人生下来就具有比别人更多的权利，最为典型的就是君权神授，君主的权利是神所赐予的。“天赋人权”理论则认为在自然状态中任何人都不曾拥有特权，所有特权都是社会的产物。其次，“天赋人权”理论为资产阶级革命提供了思想武器，无论是法国大革命还是美国的独立运动，都将其作为自己的思想旗帜，并在革命胜利后，将其思想精髓写进了宪法。最后，“天赋人权”理论成为所有反对特权、反对迫害思想的起点。既然所有人的天赋权利是平等的，就应该对现实生活中所有不平等的关系，诸如有产者与无产者、男性与女性、成年与未成年、白种人与有色人种等之间的种种不平等，进行重新审视。

“天赋人权”理论的局限性。主张人权保障无疑是正确的，但问题在于“天赋人权论”并非一种真正恰当的人权理论，它的所谓“为自然所赋”前提并不成立。“天赋人权”理论建立在自然主义的形而上学预设之上，它设定了人权是天赋的，但这种形而上学命题并不能得到确证，将我们的权利观念建立在这种无法确证的形而上学前提下就是十分危险的。再从实践方面看，如果人权的主要依据是人类的天然相同性，那么每个人都天然地、无条件地拥有人权，这种天赋权利就不会受到个人后天行为活动的任何影响。就算一个人作恶多端、坏事干绝，但依据“天赋人权论”他都依然可以享有与他人同等的人权，所以“天赋人权论”也就成为包庇与纵容恶行与坏事的借口。最后，“天赋人权”理论极端化的后果就是破坏社会

① ［法］卢梭：《社会契约论》，商务印书馆 1996 年，第 8 页。

公正，既然所有人的权利都是不可转让或剥夺的，即“破坏他人人权的人也拥有人权”，如果破坏者的人权也需要保护，那么“天赋人权”理论将有利于权利破坏者，而不是权利的尊崇者，这就意味着社会普遍的权利保障将会遭到破坏。

尽管“天赋人权”理论存在着上述的一些理论缺陷和实践弊端，但它所首倡的人权理念和人权保护思想，推动了现代政治文明的发展和法治国家的建设，其重要历史意义和作用是不可低估的。

2. “自为人权”对“天赋人权”的修正

> “自为人权”论主张人的权利具有后天性、社会性和自为性。其目的是要将人权的享有与个人的自身行为联系起来，从而强调人的权利不是无条件享有的，个人必须履行自己作为社会公民的基本道德义务，才能享有相应的社会权利。

“自为人权”也被称为“人赋人权”。“人赋人权”的思想可以追溯到18世纪的英国思想家柏克。柏克认为我们的权利并非生来就是现成的，而是由社会传统所塑造而形成的。“权利之根深深地扎根于一个社会的发展过程中。固有的惯例告诉我们自己有什么权利，并且我们自己知道这些权利来自何处，因为我们继承祖先而有这些权利。保卫继承而来的权利就不会危及现状。”[①] 在柏克看来，一个社会的传统是人们赖以进步的基础，人们希望通过“天赋人权”的方式获得更多的权利，但是不应该抛弃传统从头再来，而是应该尽可能将新的权利要求与国家的传统结合起来。

柏克的理论似有为现存秩序辩护之嫌，但他主张人权是在后天社会生活中形成的却不无道理。“自为人权”理论强调的就是人权的后天性、社会性和自为性，其基本观点包括：首先，人权不是天

① ［英］柏克：《法国革命论》，商务印书馆2005年，第77页。

赋的而是在后天社会生活中形成的，是因人们在社会生活中需要对个人生存与发展所需的基本利益加以厘定和保护而产生的。就是说，人权实际上产生于人们共同生活、共同发展的需要，也产生于人们在社会生活中对自我基本利益保护意识的形成。其次，人权是与人的社会属性相关的，它指的是人们在社会生活中、在与他人的交往中，始终拥有的、不受侵犯的部分。离开了社会，就无所谓权利，比如生活在孤岛上的鲁滨孙，说他拥有言论自由、安全、反抗压迫等权利就毫无意义。鲁滨孙对他周围的自然物拥有的不是权利，而是改造它们为我所用的力量。最后，人权又是一个关系概念，它涉及个人与社会之间、个人与国家之间的关系。一方面，任何个人都不能靠一己之力而享有人权，人权的享有必需要来自他人和社会的承认，特别是要来自国家法律制度的保障。另一方面，任何社会公民也都有权要求国家提供基本权利保障，而国家也有义务和责任提供这样的保障，因此人权概念既是国家提供权利保障的依据，也是人们向国家提出这一要求的依据。

进一步来看，个人之所以拥有基本权利，不在于这些权利是天赋的，而在于它们是个人人格尊严的要求。作为人有自己的人格尊严，也就要求享有与其人格尊严相当的权利。人权实际上就是作为人而配享有的权利，它是人格尊严的一种延伸和体现，所以也可以称之为人格权。那么一个人的人格尊严又是由什么决定的呢？这并不是由所谓人的天然属性决定的，而要由个人在后天社会生活中的所作所为决定的，个人的所作所为是否符合做人的起码道德，才是一个人能否保有其人格尊严的决定性因素。既然人格尊严并非天然所赋而是“自我作为”的，人权又建立在这种“自为”人格的基础上，因此人权根本上也是“自为”的而非“天赋”的。主张“自为人权”论的一个重要目的，就是要将人权的享有与个人的自身行为联系起来，人权不是无条件享有的，享有人权的唯一条件就是个人要符合做人的起码道德，不能做伤天害理、畜牲不如的事情。通过以“自为人权论”取代“天赋人权论”，就可以使人权概念既能够有效保护公民的正当权益，又不会成为坏人坏事逃避惩罚的借口。

3. 人权是作为人应享有的基本权利

> 在最一般的意义上，人权就是作为人应享有的基本权利，这些基本权利必须受到国家的普遍保护，而不允许任何对人的权利的侵犯。人权保护又需要通过法治的途径来实现，即需要将人的权利法律化，因此人权既是一种政治设置，又是一种法定权利。

无论“天赋人权论”还是“自为人权论”，都主张个人在社会生活中，应享有一些最基本的权利，这些基本权利必须受到国家的保护，任何人、任何组织都不得以任何借口侵犯人的基本权利。可见人权实质上是一种社会政治设置，设立人权的目的和作用就是要对个人生存和发展所需的基本利益进行必要的、普遍的保护，防止任何强权（包括私权力和公权力）对个人的伤害。人权要发挥对个人的普遍保护作用，它就必须立法化、规范化：首先，要将对人权的保护写进国家的宪法，并在宪法中明确规定人权的内涵与内容；其次，要在相关的具体法律中制定对人的基本权利保护的条款。在此意义上，人权既是一个政治概念，又是一个法律概念；既是一种政治设置，也是一种法定权利。

当今世界，人权在现代国家治理中发挥着极其重要的作用，它已成为现代各民主国家保护公民个人权益的一种重要手段。在此背景下，联合国也开展了人权确立与法定化的一系列工作。“二战”之后，联合国即成立了人权委员会，负责起草与人权有关的国际文书、调查关于侵犯人权的指控、与其他机构开展人权领域的密切合作等工作。该组织负责起草了《世界人权宣言》，并指出了创作目的：“鉴于对人类家庭所有成员的固有尊严及其平等的和不移的权利的承认，乃是世界自由、正义与和平的基础，鉴于对人权的无视和侮蔑已发展为野蛮暴行，这些暴行玷污了人类的良心，而一个人人享有言论和信仰自由并免予恐惧和匮乏的世界的来临，已被宣布为普通人民的最高愿望，鉴于为使人类不致迫不得已铤而走险对暴政和压迫进行反叛，有必要使人权受法治的保护，也有必要促进各国间友好关系的发展，鉴于各联合国国家的人民已在联合国宪章中重申他们对基本人权、人格尊严和价值以及男女平等权利的信念，并决心促成较大自由中的社会进步和生活水平的改善，鉴于各会员国业已誓愿同联合国合作以促进对人权和基本自由的普遍尊重和遵行，鉴于对这些权利和自由的普遍了解对于这个誓愿的充分实现具有很大的重要性，因此，大会发布这一世界人权宣言，作为所有人民和所有国家努力实现的共同标准。”

在1946年颁布了《世界人权宣言》之后，联合国于1966年通过了《经济、社会、文化权利国际公约》和《公民权利和政治权利国际公约》，于1977年通过了《关于人权新概念决议案》。这些文献对人的基本权利进行了详细的界定，归纳起来包括了十二个方面：生存权、平等权、社会保障权、环境权、自决权、发展权、知情权、接受公正审判权、安全权、基本自由权、接受教育权利以及和平权。《世界人权宣言》明确要求，这些权利应该被所有会员国广为宣传，并且“不分国家或领土的政治地位，主要在各级学校和其他教育机构加以传播、展示、阅读和阐述”。因此这些权利不仅是基本权利，而且普遍适用于所有的缔约国。

人的基本权利在任何情况下都不应该受到侵犯。这里有四层含义：第一，基本权利只与人这一基本身份有关，与人的地位、职业、出身、肤色、信仰和国籍等都没有关系，任何国家的法律都应该一视同仁地对待和保护每一个人的基本人权。第二，保护基本人权是所有国家的首要义务。“政府有责任对基本人权、特别是弱势群体的基本人权和福利，给以更多、更负责的保障和增进。而在立法、行政执法和司法上要更多注重公平、公正，统筹兼顾。这是人权入宪的特殊意义。"① 第三，基本人权优先于其他权利和任何政治利益，不得以其他权利或任何政治利益为借口侵犯公民的基本权利。第四，侵犯人基本权利的行为不仅是对某个人的犯错，而是对整个人类的犯罪，这种不公应该受到所有人的谴责与抵制。

二　法定权利的概念与意义

权利只有得到社会的承认和保护，才具有真实性，也才能发挥其应有的作用。权利要得到社会的保护，就必须通过国家立法的方式将其确立下来。所谓法定权利就是国家立法机构通过正式程序在成文法中明确规定的权利。法定权利既是公民明确享有的、为国家法律保护的权利，也是公民要求其他个人或者机构尊重自己权利的依据。

1. 法定权利与应有权利的关系

> 应有权利是指在正当性意义上个人应当拥有的社会权利总称。应有权利是法定权利的基础，法定权利则是对个人应享有的基本权利及其延伸权利的法律确认。无论是应有权利还是法定权利，都是历史发展的。

应有权利是指人们从正当性上讲应该拥有的权利。人作为理性的存在物，有别于其他物种，人不仅能够自觉自身的存在及其意义，还能自觉自身的尊严与权利。应有权利就是人之为人应该享有的权利，包括人的生存权、思想言论自由和政治权利等。人们对自身权利的认识又是一个历史发展过程，不同的历史阶段和社会条件

① 郭道晖：《人权观念与人权入宪》，《法学》2004 年第 6 期。

下会有不同的权利意识，人类的应有权利就是在人类对自身权利意识的不断发展中而完善和进步的。应有权利还需要得到人们的普遍认可，才能转化为社会的普遍意识，从而成为人们的共同信念。

应有权利是法定权利的基础。一方面，法定权利的确立必须以应有权利为依据。马克思曾说："各种最自由的立法在处理私权方面，只限于把已有的权利固定起来并把它们提升为某种具有普遍意义的东西，而在没有这些权利的地方，它们也不会制定这些权利。"① 这里所讲的就是法定权利与应有权利的关系，即要求为法律所确立的权利，其本身必须首先是应有权利，而且是被社会普遍认可的应有权利。法定权利并不是由法律另外制造出来的权利，它只是既有的应有权利的法律化。另一方面，应有权利也必须提升为法定权利才具有现实意义。当权利只停留于"应当"，而没有成为法律所保护的"必须"时，权利对人们行为的制约效力是很有限的，因此人权的保护往往就只是停留在口头上，而不能落到实处。

应有权利成为法定权利是一个历史发展过程。这个过程是与现代社会民主法治的推进同步的。在非法治国家，既没有人权的概念，也没有法律对人权的保护，只有在法治国家，人权保护才被写入宪法，并作为制定法律的一个重要依据。并且法治国家的建设本身也是一个过程，相应地，公民应有权利的具体内容也是一步步被写进法律的。比如，在改革开放之前，私有财产是人们讳莫如深的概念；改革开放之后，尤其是确立社会主义市场经济体制以来，公民不仅拥有私有财产，也在经济活动中习惯了尊重他人对私有财产的权利。在2004年召开的第十届全国人大第二次会议就通过了宪法修正案，正式在宪法中写入了"公民的合法的私有财产不受侵犯"。"国家依照法律规定保护公民的私有财产权和继承权。""国家为了公共利益的需要，可以依照法律规定对公民的私有财产实行征收或者征用，并给予补偿。"

---

① 《马克思恩格斯全集》第1卷，人民出版社1956年，第144页。

法定权利是对个人应享有的基本权利及其延伸权利的法律确认。由于人类的应有权利的具体内容是历史发展的，立法者也会根据不同时代和社会现实的需求，在基本权利的基础上设置新的公民法定权利。比如说在生态环境问题日益严重的今天，有些国家就根据已经被确定为基本权利的生命权、健康权，制定法律保护人们的生态环境权。尽管人们之前不曾享有过这项权利，但它也是根据基本权利派生出的应有权利，因此归根到底还是对人们享有的应有权利的法律化。

2. 法定权利的特点

法定权利具有以下几个基本特点：它是所有公民平等享有的权利；它是有条件享有的权利，即公民必须履行相应的社会义务才能享有相应的权利；它还是有清晰明确规定的权利；它根本上是受法律保护的权利。

法定权利是平等享有的权利。法律规定的公民应享有的基本权利，对所有公民都是适用的，是为所有公民平等享有的权利。凡是作为公民权利的内容，就是为所有公民平等共享的，没有人可以被排除在外，也没有人可以享有比别人更多的权利。与“天赋人权”不同，法定权利的主体是公民，而不是自然意义上的所有人。这意味着只要拥有某个国家的国籍，成为这个国家的公民，就具有享有这个国家法定权利的机会。法定权利通常只与公民身份有关，而与社会地位、财富、性别、年龄、肤色无关。

法定权利是有条件的权利。法定权利的平等只是对符合条件的公民而言的，不是无条件的平等。法定权利总是与法定义务联系在一起的，履行了法定义务的公民与没有履行法定义务的公民在权利上是不平等。要获得法定权利，就要履行法定义务。法律规定了获得某项具体权利的条件，只有符合这些具体条件的公民才能享有某项具体权利。以选举权为例，在我国，并不是所有的公民都拥有选举权。我国的《选举法》规定："中华人民共和国年满十八周岁的公民，不分民族、种族、性别、职业、家庭出身、宗教信仰、教育程度、财产状况和居住期限，都有选举权和被选举权。依照法律被剥夺政治权利的人没有选举权和被选举权。"这说明在我国要获得选举权必须同时满足三个条件：(1)中华人民共和国的公民；(2)年满18周岁；(3)没有被剥夺政治权利。

法定权利是清晰明确的权利。法律必须清晰地规定获得权利的主体，即什么样的人能够获得法定权利。法律还必须清晰地界定权利的内容，从而使公民通过法律条文就可以了解自己的权利，能够对自己行为所产生的法律后果进行预期。法定权利的清晰性要求，在一个国家内法律不能相互矛盾，不能让公民无所适从。法定权利的清晰性还要求，法律条文要尽量做到简单明了，不能模棱两可，否则会造成人们对权利与义务的不明确。正如恩迪科特认为："法律中的模糊性会导致人们法律权利和法律义务的不确定性。"[①] 法定权利的清晰性还意味着，为法律所禁止和许可的边界必须是清楚明晰的，在不为法律所禁止的领域，公民的行为就不应受到法律的制约，即所谓"法无禁止即可行"。

法定权利是有法律保障的权利。德沃金认为："在大多数情况下，当我们说某人有权利做某事的时候，我们的含义是，如果别人干预他做这件事，那么这种干预是错误的，或者至少表明，如果为了证明干涉的合理性，你必须提出一些特别的理由。"[②] 法定权利是有国家法律作为保障的权利，任何侵犯法定权利的行为都将受到相应的惩罚。"不认真对待权利，就不会认真对待法律"，这句话反过来讲同样有道理："要想让公民认真对待法律，

① ［英］恩迪科特：《法律中的模糊性》，程朝阳译，北京大学出版社2010年，第94、97页。

② ［美］德沃金：《认真对待权利》，信春鹰、吴玉章译，中国大百科全书出版社1998年，第249页。

就必须认真对待公民的权利。”法律是国家稳定的基石，关键就在于法律是对公民权利的保障。当公民的合法权利得不到保障，公民就会逐渐丧失对法律的敬畏，就会千方百计去寻求法律之外的途径，必然导致社会混乱。古人讲“赏不足劝善，罚不足禁非，而政不成”，就是说如果赏赐不能带动人们追求善良的生活，惩罚不能阻止人们为非作歹，政治上就不会成功。古人期待圣人明君能够赏罚分明，现代社会则努力让人们学会运用法律作为维护自己权利的武器。

3. 法定权利的意义

> 法定权利的核心意义就在于将公民权利提升到了法律的层面，从而使公民权利得到最强有力的保障。法定权利也使法定义务成为必要，并使公民履行法定义务成为可能。

法定权利最核心的意义就在于将公民权利提升到法律层面，从而使公民权利得到最强有力的保障。权利在未被法定化以前，是一种不确定的、缺少公权力保护的自在权利。对自在权利的维护通常靠的只是习俗、传统、权威和人们内心的信念，这样的维系其实是很脆弱的，它常常会因受到国家权力或他人的侵犯而遭到破坏。但权利一经法定化后，就被赋予了规范性、稳定性和最大强制性，从而能够最大可能地阻止对公民权利的侵犯行为。美国著名哲学家博登海默认为：“法律对于权利来讲是一种稳定器，而对于失控的权力来讲则是一种抑制器。颁布自由与平等的宪章的目的，就在于确使今天所赋予的权利不会在明天被剥夺。”[①] 只有法定权利才是公民明确拥有的、有保障的权利，没有法定权利，就等于没有权利。

---

① ［美］博登海默：《法理学——法哲学及其方法》，华夏出版社 1987 年，第 290 页。

法定权利使法定义务成为必要。法律确定了公民的权利，同时也就确定了所有人和所有机构都必须尊重公民权利，不得侵犯公民权利的义务。公民拥有法定的生命权，因此任何机构和个人就要承担“不许杀人”的法定义务。法律确定了公民的财产权，任何机构和个人就要承担“不许偷盗”的法定义务。法律确定了公民的人身自由权、思想言论自由权，任何机构和个人就要承担“不得非法拘禁他人”和“不得压制言论”的义务。美国法哲学家戈尔丁指出：“若有受保护的权利，那么就暗示着那些其兴趣、爱好、愿望恰恰处于相反方向的其他人的自由的限制。”[①] 法定权利必然要求法定义务，没有法定义务，公民的法定权利就只能是无法兑现的一纸空文。

法定权利也使公民履行法定义务有了可能。公民履行法定义务，是因为他同时享有法定权利。如果公民不享有法定权利，他也就不会有承担法定义务的能力和愿望。比如说，如果公民在一个国家没有享受到最基本的人身安全保障，他时时刻刻都处在死亡的威胁之中，就很难要求他去承担保护他人生命安全和财产安全的义务。在资产阶级革命的过程中，曾经有“无权利不纳税”的口号，就是说公民在政治上没有享有相应的权利，就不应该承担纳税的义务。相反，公民一旦拥有了政治上的权利，就应该也必须承担起纳税的义务。

无政府主义反对国家和法律制度的存在，认为它们都是对个人自然权利的侵犯，是一切社会压迫与奴役的根源，只有消灭国家和法律制度或者尽可能削弱它们才能实现人的自由与解放。无政府主义的错误就在于，它将国家法律的约束与公民权利完全对立了起来。实际上，如果没有国家法律将权利法律化，并对各种侵权行为加以禁止和制裁，人们的任何权利都得不到真正有力的保障。法律所禁止的只是人们的任性与无理行为，它们并不是受法律保护的权利的内容，所以法律的

① ［美］戈尔丁：《法律哲学》，生活·读书·新知三联书店 1988 年，第 106 页。

强制禁止也根本不存在对权利的侵犯问题。

三　公民权利的宪法保障

宪法最主要、最核心的价值就在于它是公民权利的保障书。各国宪法无一不昭示着公民权利在其中的崇高地位，正因如此，列宁才说“宪法就是一张写着公民权利的纸”。宪法规定的权利是公民最基本的权利，也被称为宪法权利。在实践中往往存在着宪法权利虚置的问题，为了落实宪法权利，一方面需要使宪法权利可操作化；另一方面是要完善法制体系，使宪法权利的保护进一步落实到部门法律中。

1. 保障公民权利是宪法的根本价值

宪法的意义在于对国家权力的规范与约束，而核心是对公民权利的维护与保障。宪法要发挥其公民权利保障作用，就必须对公民权利予以确认并确立公民权利的保障措施。

宪法是执政者向国民的公开承诺，这份承诺中包括了规范和控制国家权力、维护和保障公民的基本权利，其中最核心的是维护和保障公民的基本权利，因为规范和控制国家权力的实质就是保障公民的基本权利。我国著名法学家李步云教授指出：“世界上未对国家的经济、文化等基本制度作规定的宪法很多，但不对‘公民的基本权利与义务’作规定的宪法却很少见。”[①] 宪法所规定的公民权利，是公民的基本权利。只有人们的基本权利得到了保障，人们才会承认法律的作用、才会自觉维护法律的尊严。习近平总书记在首都各界纪念现行宪法公布

① 李步云：《宪法比较研究》，法律出版社1998年，第425页。

施行30周年大会上的讲话中明确指出："宪法是每个公民享有权利、履行义务的根本保证。宪法的根基在于人民发自内心的拥护，宪法的伟力在于人民出自真诚的信仰。只有保证公民在法律面前一律平等，尊重和保障人权，保证人民依法享有广泛的权利和自由，宪法才能深入人心，走入人民群众，宪法实施才能真正成为全体人民的自觉行动。"

宪法对公民基本权利的保障，主要体现在两个方面：一是宪法对公民基本权利的确认；二是确立公民权利的保障措施。宪法对公民基本权利的确认，就是将权利写入宪法，我们可以从各国宪法中，发现它所要保护的权利种类和数量。宪法是国家的根本大法，其他法律必须以宪法为根据，不得与宪法相冲突。这意味着宪法规定的基本权利，要得到其他法律的尊重和保护，其他法律不得有与已经写入宪法的基本权利相违背的内容。宪法确立公民权利的保障措施，就是既要对公民个体行为加以规范，又要规范和限定国家权力，以免它"走入歧途，违反人民的福利"。[①]

宪法规定了公民的基本权利，同时也就确认了国家保护公民基本权利的义务。宪法权利神圣不可侵犯，在公民的基本权利受到侵犯的时候，公民要能够通过宪法来主张自己的权利，并要求侵犯者承担相应的法律责任。宪法权利"是一种个人权利，它保障个人权利甚至不受合法权威的侵害，甚至不受民选代表的侵害；而且在大多数场合，即使他们的行为出于善意和公共利益，也不得侵害个人权利"。[②] 在现实生活中，公民的基本权利往往在"多数人的意见""善意的帮助"和"公共利益的需要"等幌子下极其容易受到侵犯。这就要求将宪法规定的基本权利落到实处，即宪法能够成为公民权利救济的依据，任何违反宪法侵犯公民基本权利的行为都要

---

① 张奚若：《张奚若文集》，清华大学出版社1989年，第147页。

② ［美］路易斯·亨金等：《宪政与权利》，生活·读书·新知三联书店1996年，第1页。

被追究相应责任。

2. 宪法权利的虚置问题

> 由于宪法权利规定过于笼统、不明确，宪法权利与司法的脱离，落实宪法权利的具体法规不健全等，从而造成了宪法权利的虚置问题。宪法权利虚置还跟具体法律的制定与宪法精神相违背、长期形成的“人治思维”等因素都有密切关系。

宪法权利的虚置是指宪法规定了公民的基本权利，但是在现实生活中，公民的基本的权利时常被侵犯且无法实现司法救济，致使宪法规定的基本权利形同虚设。英国学者希特指出：“宪法文件中受重视的那些公民权利项目的存在，并非就等于实际上被落实的权利清单。”[①] 即是说宪法规定的公民权利，在现实生活中很可能不是公民真正拥有的基本权利。2003 年发生的“孙志刚案”就是其中的一个典型。2003 年 3 月 17 日晚，孙志刚在前往网吧的路上，因没有带身份证和暂住证，被广州警察送至收容遣送中转站收容，并于次日被送往一家收容人员救助站。孙志刚被这家收容救助站的工作人员、其他收容人员殴打致死。宪法规定了公民拥有人身不受侵犯的权利，但是在这个案例中，孙志刚因为没有带证件就被强制收容以致被殴打致死。执法者所依据的《广东省收容遣送管理规定》中本身就有与宪法保护公民权利相悖的内容，这直接导致了在现实生活中执法者恣意侵犯公民权利、公民权利得不到有效保护的后果。

宪法权利虚置的原因主要有三：一是宪法权利规定过于笼统、不明确。宪法只是规定了公民享有哪些基本权利，但既没有说明行使这些权利的界限，也没有说明侵犯这些权利应该受到何种惩罚。

① 希特：《公民身份》，台湾韦伯文化国际出版有限公司 2006 年，第 44 页。

因此有学者认为："宪法过度的原则性有使公民权利变成抽象的权利符号的危险。"① 二是宪法权利与司法的脱离。在不存在宪法法院的情况下，违背宪法的行为很难被提请诉讼，司法机关也很难以宪法为依据进行公证裁决。三是部分宪法权利没有相应的具体法律法规进行落实，当其受到侵犯后，也很难通过合法、有效的途径寻求司法救济。宪法规定的权利都只是一种框架性内容，只有将其具体化，公民才能从具体法律中寻求保护。比如说宪法规定公民拥有受教育的权利，我国就制定了《教育法》《义务教育法》《教师法》《高等教育法》《职业教育法》等等法律来具体保障公民的这项权利。宪法也规定了公民拥有言论自由权利，但目前我国还没有制定相应的具体法律来保障这一权利的落实。

宪法权利之所以被虚置，还因为即便部分权利有了对应的具体法律法规，但这些法律法规的制定与宪法制定的精神是违背的，从而使宪法规定的权利与其说得到了保护，还不如说受到了限制。宪法的精神是要最大可能地落实公民权利，但由于我国立法机制的不健全、不完善，许多具体法律的制定要依靠相关的权力部门，这些部门从自身部门利益出发，在制定具体法律时，并不是着眼于如何尽可能地保障公民权利的落实，而是尽可能地设置障碍，阻挠公民权利的落实。因此我们常常看到一项公民权利的行使被附加上了诸多的条件，有诸多条"公民不得……"的规定对公民权利加以限制。这样一来，虽然我们也制定了保护公民权利的相关具体法律，但在诸多限制条件下它实际上是难以落实的。

宪法权利之所以被虚置，最根本的原因就在于没有摆脱"人治思维"。宪法思维是将保障公民的基本权利作为根本出发点和归宿，人治思维则是将国家权力的实施和政权的巩固作为最高目的。在人治思维看来，国家的安定、政权的巩固远远高于公民个

① 韩大元、王世涛：《"两个人权公约"与我国人权宪政体制的整合》，《法律科学》2001年第2期。

体的权利，公民的个体权利应该服从并服务于整个国家的统治目的，一旦个人权利与之发生冲突，应该无条件放弃公民的个人权利。在人治思维下，公民只是实现国家统治的工具，没有任何权利是不可侵犯的，只要它危及了统治者的统治，就必须予以取缔。彻底摆脱人治思维，政府才会以宪法为准绳，来保证公民的基本权利。

3. 宪法权利的实现

> 要落实宪法权利，根本上是要建立法治社会，确立起宪法、法律至上，“法大于权”的根本原则。从具体操作来看，一是要对宪法权利进行明确、清晰的界定与表述；二是要推进宪法司法化；三是完善宪法权利保障的法律体系。

将权利写入宪法，借助宪法来保护人们的权利不受个体或者公权力的侵犯，是公民的良好愿望。有人认为写入宪法的权利越多越好，实际上，“从来政府以一纸公文宣布人身自由应有权利的存在，并非难事，最难之事是在如何能见诸实行，倘若不能实行，此类宣布所得无几”。[①] 写入宪法的权利再多，在现实生活中实现不了，也没有实质性意义。因此一方面需要将公民应享有的基本权利写入宪法；另一方面还要更加强调宪法权利的落实。

宪法能否保护公民的基本权利，关键在于是否建立了法治社会，即是否真正确立起了“法大于权”的根本原则。宪法、法律至上，是法治社会的首要标志。只有在法治社会里，宪法、法律具有最高权威性，所有法律又都要服从于宪法，宪法所规定的公民权利才能够在具体法律中得以正确体现，也才能够在司法中得到切实保护。相反，如果宪法与法律不是国家的最高权威，执政者的权力

① 戴雪：《英宪精义》，中国法制出版社 2001 年，第 262 页。

可以凌驾于宪法与法律之上，那么即使将公民权利写入了宪法，它也可以被权力者随意践踏和修改，要不要落实各项公民权利完全凭权力者的意志而转移，公民权利的保护就成了一句空话。宪法权利的实现是与法治国家的建立紧密联系在一起的，因此实现宪法权利的过程，也就是构建法治国家的过程。

具体来看，要将宪法规定的权利落到实处，要让宪法成为人们行为的根本准则，还需要做好以下三个方面的工作：首先是要规范宪法权利表述，使其清晰明确、没有歧义；二是要推进宪法司法化，使宪法权利直接成为诉讼与判决的最高依据；三是要完善法律制度体系，将宪法权利进一步转化为一般法律权利。这三方面工作的一个共同目标，就是要确保当公民享有的宪法权利受到侵犯时，能够得到切实有效的司法救济。法治原则要求，权利存在的地方就必须有救济。通过将宪法权利转为一般法律权利，当这些权利受到侵犯的时候，就可以运用一般法律进行保护。通过推进宪法本身的司法化、操作化，当那些尚未转为或不便转为一般法律权利的公民权利受到侵犯时，就可以诉诸宪法进行保护。宪法是国家的根本大法，但宪法首先也是一部法律，应该具有司法的适用性。为了更好地保护宪法权利，英美法系的国家就规定在判案时可以直接援引宪法的规定；大陆法系的国家则设置了宪法法院，公民的宪法权利受到侵犯的时候，宪法诉讼成为保障公民宪法权利的最后手段。

四　公民权利的行政保障

政府机构拥有的权力被称为公共行政权力，通常也简称为公权力。公权力行使的合法性依据就在于，能够更好地保障公民的基本权利并实现社会的公共利益。其中，保障公民的基本权利是公权力运行的前提条件，实现社会的公共利益是公权力运行的最高目的。公权力一旦偏离了保障公民权利的方向，就会导致公权力的异化，即公权力沦为实现少数人利益的工具。

1. 权利保障是政府的一项基本职能

> 保障公民基本权利是政府的一项基本职能。政府拥有公权力，这就使得政府有了保障公民权利的现实条件。同时，要保障公民权利还需要政府转变职能，构建现代治理体系、提高现代治理能力，其核心是管理向服务、管理向治理的转变。

政府职能是指政府的地位与作用，即政府应该做什么以及它能够做什么。在不同的历史时期，人们对政府职能的认识各不相同。传统社会，人们认为政府的主要职能就是维护社会的稳定与团结；现代社会，政府的主要职能则被理解为保障公民的基本权利和实现社会的公共利益。

保障公民的基本权利是政府的一项基本职能。公民之所以需要政府，一个重要的原因就是需要得到一定政治权威的保护，他们的权利才能够得以实现。国家法律的制定，也需要在成立了政府的前提下，通过政府组织来进行。离开了政府，公民的权利就没有保障，公民在权利受到侵犯的时候就只能诉诸“无休无止”的斗争。所以成立政府的一个重要目的就是为了保障公民的权利不受其他机构和个体的侵犯，当公民权利受到侵犯时，能够得到政府的帮助和实现权利的救济。如果政府不能保护公民的权利，甚至是侵犯了公民权利，政府在很大程度上就失去了存在的必要性和合法性。

政府之所以能够保障公民权利是因为政府拥有公权力。公权力是公民委托政府行使的权力，也就是说公民与政府之间是委托与被委托的关系。公权力为全体公民所赋予，因此它比任何个人或群体的权力具有更高的权威性。公权力为法律规定了其协调社会利益矛盾和保护公民权利的职责。公权力的行使，背后有行政手段、国家暴力机器的支撑，从而更加强了其权威性。政府行使公权力，就是政府运用所能掌控的各种资源，通过一定的行为达成某种特定的目的。由于政府掌控的资源远远大于公民个体，因此政府能够对于公民权利进行有效的保护和救济。比如说，改革开放后我国经济高速发展，政府保障公民权利的能力也随之增长，全国所有县级行政单位全面普及了九年义务教育，政府在医疗和养老等公共事业上投入了更多的资金，对公民权利提供了更多更好的保障。

保障公民基本权利，需要政府转变职能，构建现代治理体系、提高现代治理能力，这里的核心是管理向服务、管理向治理的转变。服务与管理不同，服务强调政府需要从公民的需要出发，并以更好满足公民的需要为工作导向。管理则是强调政府意图，公民服从政府的意图。从管理向服务的转变，真正体现了公民与国家的委托与被委托关系，公民是政府工作的评价主体，政府自然应该成为责任政府，即政府有责任保护公民权利，一旦出现了侵犯公民权利的行为，政府应承担相应的责任。治理与管理的不同在于，管理是单向的，即政府是行政主体，公民是行政对象。治理是多向的，强调政府在行政中只能作为一种主体力量。公民参与到公共事务中来，监督和约束政府的行为，由此确保政府行为更有利于保障公民权利。

2. 制定公共政策要遵循权利保障原则

> 公共政策的制定是政府发挥其功能的一种重要形式。政府在制定公共政策增进公共利益、维护社会公平时，都要求必须遵循而不得违背对公民权利的保障。政府还应以保障公民权利为目的而制定相关政策，并严格遵循依宪决策的原则。

公共政策是政府等公共组织为了解决社会公共问题，规范和指导有关机构、团体或个人的行动所制定的路径措施。公共问题是人们在公共交往中产生的问题，核心是利益协调和利益增进问题。制定公共政策是政府实现其职能的重要方式，政府的作用很大程度上就要通过公共政策的制定体现出来。因此公共政策制定的目的与政府的基本职能是一致的，即是要促进公共利益的增长，维护社会公平正义，保障公民权利的普遍落实。公民权利保障应成为贯穿于全部公共政策制定中的一条底线原则，既需要制定专门的公共政策来加以落实，又要求所有公共政策的制定都不得打破与违反这一原则。

公共政策常常要解决的是增进公共利益的问题。增进公共利益才能更好地保障公民权利，而在增进公共利益的同时，又不得违背公民权利保障原则。公共利益往往是某个特定区域内所有人都能够普遍享受到的利益，也就是说公共利益与个人利益是一致的，因此很少有人反对增进公共利益。但是增进公共利益的过程中，又会出现公共利益与个人利益的分歧，这个时候就需要对公共利益和个人利益进行协调。比如一个村子需要修一条公路，这个想法没有人反对；但修路需要占地，如果让某个村民承担失地的损失，就没有人愿意了。同样，一个城市需要修建垃圾焚烧厂，这个想法也没有人反对；但将垃圾焚烧厂修建在自己居所的周围，就会有人反对了。公共政策在增进公共利益的过程中，需要恪守保护公民权利的底线，即不能以“多数人利益”“多数人需要”为借口，侵犯公民基本权利。以上面的例子来说，无论是修路还是修建垃圾焚烧厂，都需要征得相关利益人的同意，并确保他们的基本权利不被损害。

公共政策还要着力解决社会公平的维护问题。一方面，公民权利的普遍平等保障本身就构成社会公平的重要内容；另一方面，公共政策对利益分配的干预和调整要以不侵犯公民权利为限。例如，宪法规定公民享有个人财产权，那么政府在制定各种调节利益分配格局、促进社会公平的公共政策时，就必须充分考虑到对公民个人财产权的尊重。既需要通过再分配方式和税收等合法手段对公民个人拥有的财富分布加以调整，以避免社会贫富差距拉大、弱势群体权益受损和社会不公平加剧，又需要充分尊重公民的个人财产权，不得以暴力剥夺、行政没收等非法手段侵犯公民的这一权利。

公共政策本身也可以是专门针对公民权利保障而制定的。例如养老和医疗保险制度的制定，就是对公民基本生存权利的保障。但在过去的养老保险和医保制度中，还存在着权利不平等享有的问题，集中体现为对不同的群体和不同的职务职级实行不同的养老和医保政策。比如，对有的群体而言，不用自己缴纳养老保险，退休之后自然就享受养老金；对于有的群体而言，则必须自己攒钱养老。社会基本保障的“双轨制”和差别对待，是造成社会不公平的一个重要原因。新的养老保险制度改革着力于解决“双轨制”和差别对待等问题，就是要让所有公民的基本权利都得到一视同仁的保障，并消除社会基本保障中的特权现象。

公共政策的制定要做到不侵犯公民的基本权利，非常重要的一点就是必须依照宪法而行。宪法是公民权利的保证书，它提出了公民权利保障的法律要求，并规定了公民权利保障的基本内容。离开了宪法的原则性要求，政府为了追求眼前目标而制定公共政策，就难免不会打破权利保障原则，这正是导致政府与公民之间、公权力与公民权利之间产生矛盾的一个重要原因。现实中由政策引发的冲突往往是社会矛盾激化的重要根源，它又多是因为“政策制定者们不善于从宪法价值角度思考政策制定的理论意义与实践基础，在立法权的运用与具体立法过程中我们过于强调现实生活的需求，缺乏从宪法的角度综合性地考虑所要制定的法律的社会承受能力与宪法体现的社会正义价值”。[①] 为了保证公共政策依宪而行、不偏离甚至背弃宪法，政策制定者就必须牢固树立起宪法意识，培养起宪法思维的习惯。

3. 政府行政行为要符合权利保障要求

政府在行政管理活动中也要遵循公民权利保障原则。政府

① 韩大元：《当代中国宪法学的发展趋势》，《中国法学》1998 年第 1 期。

的行政行为具有强制性，这是行政权力得以有效运行的前提。但另一方面，要保证行政权力的正当行使，又必须将其严格控制在法定权限内，而不得为了达到某个行政目的就对公民权利进行侵犯。

政府行政行为是行政主体行使行政职权、进行行政管理的活动。行政行为具有公共性和强制性。所谓公共性是指行政行为是与广大社会成员普遍相关，为了实现和增进公共利益而产生的行为；所谓强制性是指行政行为是由法律和国家暴力机器支撑的行为，只要这种行为是依据法律行使，作为公民就必须服从。公民既然将公共权力委托给了公共机构来行使，就应该服从公共机构依法作出的决策和决定。比如，法院就某一个案件进行了宣判，公民就不能以此宣判与个人利益相悖就抗拒执行；在公民拒不履行法院判决的情况下，相关部门可以依法强制公民执行法院已经生效的判决。

行政行为由于具有强制性，就能够凭借其强制性力量，促进公民权利的切实保障。比如说宪法规定公民拥有受教育权，但如果修建学校的资金无法落实到位、没有教师愿意到学校来进行教学，或者父母将子女强行扣留家中从事体力劳动，公民就无法真正享受到教育权。行政行为的强制性既保证从国家财政中拿出部分作为教育经费，也通过人事制度安排确保教学所需的教师，同时对拒不履行九年义务教育的学生家长进行教育和惩罚，就可以保障公民受教育权能够落到实处。

行政行为由于具有强制性，如果它偏离了法定权限，也会在行政过程中对公民权利造成巨大的侵害。在政府与公民的关系中，政府是强势的一方，公民则处于弱势地位，政府的行政行为是一种公权力的行使，必然对公民具有强制性。但公权力的强制是有限度的，超出了合理正当的强制权限，它就会造成对公民权利的严重侵犯。譬如，屡屡发生的城管暴力执法事件，政府与开发商勾结而进行的非法强拆，对当事人施以恐吓、威胁和打击报复，都是非常典型的政府部门在行政过程中的侵权行为。正是由于行政行为存在着侵犯公民权利的可能性，一旦侵权又会给公民带来巨大伤害，因此需要特别强调必须将其严格控制在法定权限内，不得为了达到某个行政目的就对公民权利进行侵犯。

政府行政行为要保障公民权利，就需要遵循法律的底线，做到依法行政、依法执政。政府在行政过程中一定要明确自身的权力边界，即哪些地方是可以行政的，哪些地方是属于公民自决，政府没有权力进行干涉的。对于政府无权进行干涉的领域，政府就不能在这些领域制定规则并强迫其他机构和个体服从。对于政府有权管理的领域，其管理行为也一定要依据法律，其管理过程一定要服从法律。比如《物权法》规定了公民依法享有对特定物的“直接支配和排他的权利，包括所有权、用益物权和担保物权”，政府就不能在公民不知晓的情况下，与开发商进行沟通，并对建有居民住房的土地进行出让，再回过头来让开发商强拆居民住房。依法行政、依法执政，还要做到当法律规定公民享有的权利受到侵犯时，政府应该依据法律帮助公民保护自己的权利。

政府行政行为是否符合权利保障的要求是“善政”与“恶政”重要区别。《尚书》中讲“惟德善政，政在养民”，就是说只有道德的政治才称得上是好的政治，而善政的标准又在于维护和实现人民的利益。法律就是政治应遵循的最基本的道德，依法行政、依法执政，尊重和保护公民的基本权利是推行善政的基本要求。

4. 公权力权利保障职能的缺失与改进

公权力权利保障职能的缺失主要表现在：一是对公民权利不能提供有效的保障；二是其本身堕落为侵犯公民权利的工具；三是公权力腐败导致“以私害公”和“因私废公”。

公权力权利保障职能的缺失主要体现在三个方面：一是公权力

对公民权利视而不见，在公民权利遭到其他机构和个体侵犯的时候，公权力没有发挥保障公民权利的作用。受传统执政理念和执政思维的影响，加上在强大的功利驱动下，许多权力部门和官员都更愿意做那些容易出政绩且名利双收的事情，而不愿意做权利保障这种政绩难以显现且无名无利的事情。二是公权力本身堕落为侵犯公民权利的工具。公权力侵犯公民权利主要包括立法侵权和行政侵权，立法侵犯是指公权力在制定法律的过程中，偏离公正原则，制定出有损公民权利的法律。行政侵犯是指公权力在行政行为中侵犯公民的合法权利。三是公权力的腐败导致“以私害公”和“因私废公”。公权力腐败往往表现为权力寻租、贪污受贿、以权谋私等，它造成对公共利益的严重侵害，而公共利益属于全体社会成员的共享权利，因此对公利的侵害实际上就是对所有社会成员权利的侵犯。“因私废公”专指由于权力者的偏私行为造成的对公平秩序与规则的破坏，而公正秩序与规则也属于“公利”的一部分，因此“因私废公”也是一种严重的普遍性侵权行为。

改进公权力保障公民权利职能缺失的问题，需要做好以下三个方面的工作：首先是要通过宪法与法律的规范引导，树立起政府的公民权利保障理念。传统的执政理念是没有将公民权利保障纳入政府的基本职能的，政绩考核往往更多是以社会经济发展为指标，最多还以社会治安状况为指标，似乎公民权利保障并不那么重要，或者与政府职能无关。这种执政理念就直接导致了政府对公民权利保障的漠视。其次是要将权力关进制度的笼子里。对于政府而言，“法无授权不可为”，即只要没有法律授权，政府就不能自我授权行使公共权力。同时，还要确立公民“法无禁止即可为”的理念，即公民的行为只要法律没有明确规定禁止，就不要妄加干涉。最后，是要让权力在阳光下运行。公共权力的滥用及其产生的腐败主要是由于权力行使过程中，不能受到公众的监督，存在着权力黑洞。只要让权力在阳光下运行，将权力运行置于全体公民的监督之下，就能最大限度降低权力异化的风险。

五　人的生存权与发展权保障

生存权是首要的人权，也是享有其他人权的基础；没有生存权保障，其他一切人权的享有都无从谈起。公民的生存权包括生命安全权和社会保障权。随着社会发展，人们希望健康并有尊严地生存，于是在生存权的基础上提出了发展权。保障公民的发展权，首先就要保障公民的受教育权和工作权利。

1. 生存权是公民享有的最基本权利

> 生存权是指公民应享有的生命得以存续的权利。它包括两方面的内容：一是生命安全权，即人的生命不得受到任何非法伤害与剥夺；二是社会保障权，即社会应为公民的生存提供基本的物质保障。生存权是最基础的公民权利，但它并非公民权利的全部。

生存权是指在一定的历史条件下和社会关系中，公民应当享有的、由国家依法保障的，使人的生命得以存在和延续的最基本权利。生存权应该包括两方面的内容：一方面是生命安全权，通常即指人的生命非经法律程序不得受到任何伤害和剥夺；另一方面是社会保障权，即人作为社会公民应当具备的基本生存条件，它是必须由社会提供的基本物质保障，包括衣、食、住、行等方面的保障。[①] 生存权作为公民享有的最基本权利，“最基本”三个字诠释了生存权的以下特点。

生存权是公民的基础性权利。人具有自然属性和社会属性，其中自然属性是基础。人的自然属性决定了人是有限性存在，人的生

① 李艳芳：《论环境权及其与生存权和发展权的关系》，《中国人民大学学报》2000年第5期。

命是有限的，是单向度的，是不可替代的。作为自然存在物，人必然存在于一定的空间内，必然要与周围的环境进行物质、能量、信息的交换。维护生命的存在与延续，是任何动物的本能反应。没有了生存权，其他任何权利对于个体而言都没有意义。托马斯·阿奎那在《神学大全》中这样写道："如果一个人面临着迫切而明显的需要，因而对于必要的粮食有着显然迫不及待的要求——例如，如果一个人面临着迫在眉睫的物质匮乏的危险，而又没有其他办法满足他的需要——那么，他就可以公开地或者用偷窃的办法从另一个人的财产中取得所需要的东西。"① 阿奎那在这里主张公民在极端条件下为求生存而偷窃或抢劫别人的东西不能算作犯罪，他实际上强调了公民享有生存权利的首要性、基础性。

国家是公民生存权的义务主体。公民出现极端生存困境，既是个人的不幸，同时也是国家的责任，国家应该承担由此产生的权利主张。"作为个人的每一位国民，要使自己的生存得以维持下去，即为了延续生命的需要，必须需要一定数量的食物、衣物和居室等物质性条件，以果腹、蔽体和抵御风雨之侵。"② 国家有责任和义务为所有公民提供基本生活资料保障，特别是要为那些最低限度生存者提供基本生活资料保障，即国家必须"维持最低限度生存者生存的权利"。③ 国家还有责任和义务维护所有公民的生命安全，禁止任何对公民生命的非法伤害和剥夺的行为。

生存权是公民必不可少的权利，但不是公民的所有权利。维持生命的存在和延续毕竟是人的自然本能，即仅仅是人作为动物性存在方面的权利。但人不仅是动物性存在，他还是有思想、有情感、有自由意志的精神性存在。人就不仅有维持自身肉体生命存在的权利，他还应有保持和发展自身作为精神性存在者存在的权利。这类

① ［意］阿奎那：《阿奎那政治著作选》，商务印书馆 1963 年，第 142—143 页。

② ［日］大须贺明：《生存权论》，法律出版社 2001 年，第 293 页。

③ 马岭：《人权的广义与狭义》，《金陵法律评论》2007 年秋季卷。

权利集中地体现着做人的尊严，它们建立在人的生存权基础上，同时又高于人的生存权。如果只是一味强调人的生存权而无视人的其他做人权利，就意味着只是把人当作动物来看，而没有同时也把人当作精神存在者来看。维持生命存在和延续的方式有很多种，并不是每一种方式都顾及人的自由与尊严。因此，我们既要强调生存权的基础性、优先性，但也要充分认识到并高度重视人的其他更高级的做人权利。

2. 生命的安全保障

> 生命的安全保障是人的生存权的基本内容。它要求国家法律必须严格禁止任何非法剥夺和伤害他人生命的行为。

生命的安全保障是人的生存权的基本内容。任何生命都具有自在价值，即生命对其主体不言而喻的价值。即便是面对人之外其他动物生命的消失，都能引起人的一丝哀鸣，更何况面对人的生命。生命之可贵就在于不可重复，一旦失去就永远失去。“不可杀人”是所有世界各大宗教的共同戒律；敬畏生命是人类共同的价值准则。“生命权是一个人之所以被当作人类伙伴所必须享有的权利。”①

“人生自古谁无死”，生命都有终结的一天。生命的终结有自然原因也有社会原因。机体病变以及自然灾害等导致的生命终结属于自然原因。社会原因则复杂得多，包括社会环境、社会机构和组织、个人等因素。比如说社会环境发生变化，在战争时期，生命更容易受到危险；医疗技术欠缺或者不发达，也会导致“回天无力”。社会原因中就要区分合法与非法。比如说同样是医治无效死

① ［美］米尔恩：《人的权利与人的多样性——人权哲学》，中国大百科全书出版社1995年，第158页。

亡，合法行医与非法行医区别就很大。

在法治国家，公民的生命安全作为一项法定权利，应受到国家法律的保护。所谓法律保护，即法律必须禁止任何非法剥夺和伤害公民生命的行为。国家法律必须作出规定，任何个人、组织或国家公权力都不得对公民个人的生命安全权施非法侵害。尤其是当国家的司法机构在进行司法活动时，必须严格遵守法定的司法程序和司法权限，不得滥用司法权而对当事人进行人身侵害。比如，司法机构在调查证据的过程中，就不能对当事人采取刑讯逼供；而司法机构在审判过程中，也必须依法作出公正判决。总之，任何人都不能被任意剥夺生命，保护人的生命是国家的义务。在公民的生命安全权遭到侵犯时，无论是否有人提出权利主张，国家都应该追究行为者的法律责任。

公民生命权的保护并非是无条件的。当一个人也尊重他人的生命权，并且严格遵守国家有关保护公民生命安全的法律法规时，他才配享有作为公民的生命安全权利。倘若有人对其他公民生命权造成重大伤害或实施重大犯罪，非剥夺其生命不能阻止和惩罚这类行为，剥夺其生命不仅应该，而且非常有必要。在没有废除死刑的国家，也会对那些罪行极其严重的犯罪分子依法剥夺其生命，从而起到对严重犯罪行为的震慑与惩戒作用。可见正是为了维护公民的生命安全，才需要对侵害他人生命安全者依法剥夺其生命，以阻止或惩罚其恶行。

在公民没有对其他人造成生命威胁，且非被剥夺生命就不能停止侵犯继续发生；以及公民没有“罪行极其严重”且符合剥夺生命的法律规定等情况下，任何剥夺和侵犯公民生命的行为都属于非法行为。比如，一旦犯罪分子停止了犯罪或者已经失去了继续犯罪的能力，无论是警察还是普通公民，都不能剥夺其生命。另外，为了避免“罪行极其严重”被滥用，联合国经济及社会理事会在1984年通过了一份《关于保护面临死刑的人的权利的保障措施》，这份文件后来被联合国人会认可，其中规定：“在未废除死刑的国家，只有最严重的罪行可判处死刑，且最严重犯罪应理解为只限于蓄意的而结果为害命或其他极端严重后果的罪行。”①

3. 基本生活资料的社会保障

> 基本生活资料保障是人的生存权的重要组成部分。它主要包括公民在生、老、病、死和衣、食、住、行方面应享有社会提供的基本保障。社会保障的水平应保持在一个适当的范围内。

基本生活资料的社会保障是人的生存权的重要组成部分。生存是一个动态的概念，即生命既要存在又要延续。“追求安全的欲望促使人类去寻求公共保护，以抵制对一个人的生命、肢体、名誉和财产所为的非法侵犯。在现代社会中，它还要求公众帮助，使个人能够对付生活中的某些情形，例如老龄、疾病、事故和失业。”②社会保障权是指公民在生、老、病、死和衣、食、住、行方面应享有社会提供的基本保障，以及由于暂时或永久失去劳动能力或失业时享受国家和社会物质帮助以维持基本生活的权利。

正如富有不仅被视为个人努力的结果，同时也被视为社会因素的产物；贫穷也是如此，既有个人主观因素，也有天然和社会的偶然因素所致。每个人都有自己天赋的才能与不足，这不是个人自己可以决定的，也不是个人在道德上的“应得”。正如罗尔斯所言：“没有一个人应得他在自然天赋的分配中所占的位子，正如没有一个人应得他在社会中最初出发点一样。”③ 就是说，个人获得的天赋是否能够在社会中转变为个人适应社会生活的优势，这又要看具

① ［加拿大］夏巴斯：《国际法上的废除死刑（第3版）》，法律出版社2008年，第108页。

② ［美］博登海默：《法律哲学与法律方法》，中国政法大学出版社1999年，第314页。

③ ［美］约翰·罗尔斯：《正义论》，中国社会科学出版社1988年，第301页。

体的社会条件，某种天赋在这个时代被看重，但是在另外的时代和社会却不被看重，可见每个人在社会生活中的最初出发点往往是由纯粹的运气决定的。因此不能把个人生活的困境仅仅归结为个人自己造成的后果，而应该看作为多种因素综合作用的结果，社会有责任为公民提供基本的生活保障。

自由放任的市场经济曾经被视为是实现公共利益的最好途径。“每一个人，在他不违反正义的法律时，都应听其完全自由，让他采用自己的方法，追求自己的利益，以其劳动及资本和任何其他人或其他阶级相竞争。”“他追求自己的利益，往往使他能比在真正出于本意的情况下更有效地促进社会的利益。”[①] 但只要存在竞争，就有竞争中的获利者与失利者。随着资本积累效应的发生，资本家与工人之间的差距越来越大，不少人被沦落为失业者，还有一部分人面临工伤的危险。工人阶级的命运是社会造就的命运。伴随工人运动的兴起，资本主义国家开始注意到社会保障的重要性，并在 20 世纪初期将社会保障写进宪法，规定国家直接承担给付义务，全面保障公民的社会保障权。

社会保障权主要包括社会保险权、社会福利权、社会救助权和社会优抚权。社会保险权又称为劳动保险权或社会福利保险权，是指“劳动者由于年老、疾病、失业、伤残、生育等原因失去劳动能力或劳动机会因而没有正常的劳动收入来源时，通过国家社会保险制度获得物质帮助的权利”。[②] 社会福利权是指公民享有国家提供的改善物质生活和精神生活所提供的津贴、设施和服务的权利。社会救助权是指公民出现依靠自身努力难以克服的生活困境时，有从国家和社会获得物质帮助和特定服务的权利。社会优抚权指国家对从事特殊工作者及其家属，如军人及其亲属予以优待、抚恤、安

① ［英］亚当·斯密：《国民财富的性质和原因的研究》下，商务印书馆 1972 年，第 27、252 页。

② 种明钊：《社会保障法律制度研究》，法律出版社 2000 年，第 95 页。

置的一项社会保障制度。

社会保障权作为生存权的一部分，仅仅提供给公民维持基本生活所需的物质资料保障。社会保障的水平过低，不足以解决公民的基本生活问题；社会保障的水平过高，容易给国家造成过重的负担，同时还容易导致“慵懒病”，导致有的人只愿意领社会保障，而不愿意参加工作。为了解决“人为地促进平等反而会造成更大的不平等”的问题，各国都主张对此项权利的条件进行严格规定，譬如，失业金的领取条件是“暂时或永久失去劳动能力”或“失去工作机会”；同时规定此项权利只是保障“基本生活”。对其中因“失去工作机会”而主张失业救济权的公民，除了规定有领取失业救济金的时间限度外，同时还要求一旦政府为其提供工作机会，就要进行选择，要么接受工作机会，要么放弃社会救济。

4. 人的发展权及其保障

> 公民享有的发展权是指国家和社会应该为个人创造出实现更高层次需要的环境和条件。任何个人要追求好的生活，就需要接受一定的教育并拥有一份适当的工作，因此发展权主要就包含了公民的受教育权和工作权两大部分。

生存是人最基本的需求，同时也是人最低层次的需求。美国心理学家马斯洛将人的需求分为五个层次，从低到高分别是生理需求、安全需求、情感需求、尊重需求和自我实现需求。每个人在低层次的需求满足之后，都会向往更高层次的需求满足。国家和社会应该为个人创造出实现更高层次需求的环境和条件，这就是公民享有的发展权。

发展权的提出者穆巴依认为：“发展，是所有人的权利，每个人都有生存的权利，并且，每个人都有生活得更好的权利，这项权利就是发展权，发展权是一项人权。”[①] 生存权是发展权的基础，而发展权是对生存权的提升。对于“什么是好的生活”“什么是幸福的生活”，人们的回答虽各不相同，但任何好的生活都必须建立在其生存与发展得到充分保障的基础上。个人在社会中的发展状况，又与其所受教育和从事的工作有着直接而密切的关系，也就是说，任何个人要追求好的生活，离不开社会提供的受教育权和工作权保障，因此发展权主要就包含了公民的受教育权和工作权两大部分。

保障公民的受教育权，就是要为公民创造平等提升自己能力的条件。人的能力分为天赋和习得。天赋是不可改变的，即不可能做到平等的，比如有的人在身高上具有天赋优势，如果从参加篮球比赛的角度，他的能力就是别人无论怎么努力都难以企及的。人除了具有天赋能力，还可以有后天习得的大部分能力，这部分能力就需要通过后天的社会教育与培养而获得。个人服务社会和实现自我价值的能力，大部分都是通过这种后天教育和培养而造就的。当然，能力培养与个人的天赋、兴趣、意志等因素都有关系，国家和社会能够做到的就是为公民提供平等的教育机会与大致均等的教育环境。瑞典教育家胡森认为，应该让每个人都有不受任何歧视地开始其学习生涯的机会；要以平等为基础对待不同人种和社会出身的人；要大力促使学业成就的机会平等。美国哲学家罗尔斯进一步指出：“为了平等地对待所有人，提供真正的同等机会，社会必须更多注意那些天赋较低和出生于较不利的社会地位的人们……遵循这一原则，较大的资源可能要花费在智力较差而非较高的人们身上，至少在某一阶段，比方说早期学校教育期间是这样。”[②]

保障公民的工作权，就是要为公民创造平等实现自我价值的机会。工作既是为国家和社会做贡献的方式，也是实现自我价值的途径，是

① 徐显明：《法理学教程》，中国政法大学出版社1994年，第377页。
② ［美］约翰·罗尔斯：《正义论》，中国社会科学院出版社1998年，第101页。

过上有尊严而且幸福生活的前提。工作总是与生产资料和生产对象有关，根据与生产资料的关系，可以将工作分为三种类型：自我主导型工作、他人支配型工作和公共服务型工作。在存在社会分工和就业自由的双重背景下，人们能否获得一份工作是个人和社会双向选择的结果，社会是否提供了充分且平等的就业机会，这对人们是否享有工作权利至关重要。保障公民的工作权利既不是保证所有人都不失业，也不是保证给所有人提供一份令其自身非常满意的工作。工作权保障是指国家和社会应该尽可能地创造出更多的就业机会，同时确保公民在就业过程中获得一视同仁的对待，从而尽可能使全体社会成员都能拥有一个与他们能力相当的工作岗位，以保障他们能够在社会上获得其应有的发展。

六　公民的自由权利保障

自由是现代社会的基本价值，在公民权利的意义上，公民的自由权就包括人身自由和思想言论自由两个方面。其中人身自由是前提，思想言论自由是核心。自由是做人的基础和追求幸福的前提，保障公民的自由权利包括保障公民选择自己生活方式的权利，就是保障公民做人的尊严。

1. 人身自由权利及其保障

> 人身自由权是指公民在法律允许范围内，有独立行为和支配自己身体而不受他人干涉的权利。它主要包括身体自主权、行动自由权和使自身身体免受侵害的权利。保障公民的人身自由，才能保障公民做人的基本尊严。

人身自由权是指公民在法律范围内有独立行为而不受他人干涉，不受非法逮捕、拘禁，不被非法剥夺、限制自由及非法搜查身体的自由权利。人身自由权主要包括三个方面的内容：一是身体自主权，公民的身体属于自己，他人无权对身体的任何部分进行利用和支配；二是行动自由权，公民的行为只受自我意志的控制，他人不得控制和阻碍公民行动的自由；三是公民有保护自己身体免受非法侵害的权利。广义的人身自由权还包括与身体相关的权利，比如生命权、健康权、人格权、名誉权以及与人身直接有关的权利，比如公民住宅不受侵犯的权利等。“风可进，雨可进，国王不能进”是人们熟知的一句西方法律名言，讲的就是未经公民许可，任何人不得进入公民的住宅。

人身自由不受侵犯，是公民最起码、最基本的自由权利，是公民参加各种社会活动和享受其他权利的先决条件。人只有在能够支配自己身体的前提下，才能按照自己意愿行事，他才有资格去承担生命的风险与责任。人也只有在人身自由得到充分保障的前提下，他才能够真正行使自己的其他公民权利，包括思想自由、言论自由和政治权利。没有人身自由，个人的任何想法都只能停留在思想中，而不能落实到行动上。而一旦思想与行为分离，人们既无法创造和实现生命的意义，更无法去影响和改变社会。

保障公民的人身自由，才能保障公民做人的基本尊严。尊严是指公民的人格能够得到他人的认可和尊重，即我们通常说的“要把人当人”，而不是把人当作物。把人当人既意味着把每个人都当作目的本身，在任何时候都不能把人当作工具来对待；又意味着，要尊重和爱护那些表征着人的存在的本质属性，从而使人所独具的生命意义得以实现和彰显。自由正是人的本质特性之所在，即使人成其为人的东西，只有公民的人身自由得以充分的保障，人的自由意志才能够得以真正体现，从而才能够使人的尊严得到保障。

保障公民的人身自由，就是要保障公民的身体及其行动不受非法侵犯。这些侵犯包括非法强制、侮辱、拘禁和伤害等。对公民人身自由的保障，必须通过国家立法与司法的方式来进行。就是说，国家法律必须明确规定公民的人身自由是一项法定权利，并且要严明禁止任何对公民人身的非法强制与伤害行为。公民拥有法定的人身自由权，这就要求任何机构和个人都有不得侵犯公民人身自由的义务；而当公民的人身自由受到侵犯时，他又具有反抗的权利以及寻求司法救济的权利。

公民的人身自由在法律范围内是相对自由，而非绝对自由。法律保护公民的人身自由是有条件的，它要求公民的行为必须在法律允许的范围内，而不得触犯法律。公民只要是在法律允许的范围内活动，他的人身自由就应受到法律的保护；但如果超出了法律允许的范围，国家司法机关就有权依法对公民的人身自由加以限制。对公民人身自由加以合法限制的情况只有两种；要么是作为对具有确凿证据表明可能犯罪或造成社会危害的预防，要么是作为对已经犯罪的惩罚。作为预防目的而对公民人身自由的限制，是指通过限制特定对象的人身自由来维护社会和国家的安全，它不仅是针对可能犯罪而言的，也是针对可能的社会危害而言的。比如说在“非典”时期，通过限制受感染者的活动，来控制疫情的传播。作为惩罚目的而对公民人身自由的限制，是指相关司法机构根据法律对犯罪嫌疑人进行逮捕、拘禁和处罚等。

限制公民的人身自由要有充分的法律依据和合法的主体资格。没有法律依据不能限制公民的人身自由，如果具体法律与宪法相抵触，该法律也不能作为限制公民人身自由的最终法律依据，而必须诉诸宪法依据。所谓合法的主体资格，是指只有法律授权的机关才有权限制公民的人身自由，任何其他个人或组织限制公民人身自由的行为都是非法行为，都是法律所禁止的。

2. 思想言论自由权及其保障

思想言论自由权包括公民的思想、信仰自由，以及公民表达自己思想观点和利益诉求的自由。思想言论自由是人的尊严的高度体现，它也是形成社会纠错机制，促进观念变革和推动社会进步的前提。

思想自由是指公民拥有思想、信仰的自由，不被强迫接受或不接受某种学说或某套观念。言论自由是指公民有表达自己思想观点和利益诉求的自由，包括批评政府及其有关政策的自由，只要公民的言论没有涉嫌捏造事实与恶意诽谤，公民的言论自由就必须得到保护。因此，思想言论自由内在包含了三个方面：接受信息自由、思想信仰自由以及表达自由。

思想言论自由是人的尊严的高度体现。亚里士多德认为“人是会说话的动物”“人是城邦的动物”，他将“说话”和“城邦生活”作为人与其他动物的本质区别。这就意味着，思想和言论是人所独具的特征，是人之为人的独特性和尊严所在。人如果失去了思想和言论的自由，就意味着人将成为只会听命于指令行事的机器，这样的生活与动物又有何异？保障公民的思想言论自由，就是保障公民自由思考、自由交流的自由，其本质是保障公民作为人的尊严。人们的思想观念又总是千差万别的，保障公民思想言论的自由，同时就是保障公民具有差异化思想和言论的自由。法国哲学家伏尔泰有句名言“我不同意你说的话，但是我誓死捍卫你说话的权利”。这就是说，要允许不同思想观点的存在，也就是要捍卫每个人作为思维主体的尊严。

保障公民思想言论自由是形成社会纠错机制的必要条件。任何社会的发展进步都需要不断地对自身进行纠错、变革与完善。保障公民思想言论自由，就要保障公民对社会公共事务提出批评意见的自由，这是形成社会纠错机制的重要环节。任何人、任何组织都可能犯错，如果公民思想言论自由得不到保障，公民只被允许发出一种声音，那么政府就会缺乏直面错误和纠正错误所必需的外在压力。执政者的自省和良知也要在广大民意的推动下形成并加强。由此，英国哲学家密尔指出“假定全体人类都执有一种意见，而仅仅一人执有相反的意见，这时，人类要使那一人沉默并不比那一人

（假如他有权力的话）要使人类沉默较可算为正当”，“迫使一个意见不能发表的特殊罪恶乃在于它是对整个人类的掠夺”。[①] 保障公民的思想言论自由，就是增加人们边实践边思考的机会，从而才能有利于解决实践中出现的各种问题，避免在错误的道路上越走越远。

保障公民思想言论自由是进行观念创新、推动社会变革与进步的动力。观念创新有三个条件：思想交流与传播、现实生活的需要以及个体生命的感悟。没有思想言论自由，就没有各种思想的交流与传播，就无法激发人们思想的活力与灵感，即便有再强的现实需求，人们的思想也只能在原地打转。比如近代以来，中国在列强的欺凌下，有很强的变革要求，但是传统的士大夫阶层由于长期的思想封闭，所接触的外来思想和文化有限，从而找不到国家救亡图存的道路。推动社会变革和进步，需要用先进的思想观念来引领广大民众，没有言论自由，先进的思想观念就只能停留在少数精英分子的头脑中，不能成为广大民众的普遍共识，就难以激发起变革社会的热情，也无法汇聚起推动社会进步的力量。

3. 思想言论自由权保障

> 保障公民思想言论自由权，才能防止思想专制和杜绝公民“因言获罪”。为此首先就需要在全社会培育权利意识和宽容精神。

保障公民思想言论自由权，就包括要保障公民的信仰自由、信息沟通自由和发表自由等。信仰自由是指公民拥有信奉某种宗教和某种主张的权利，同时也拥有改变某种信仰和主张的权利。信息沟通自由是指公民有选择信息沟通对象、交流渠道以及沟通内容的权

---

① ［英］密尔：《论自由》，商务印书馆1956年，第17页。

利。发表自由是指公民拥有将思想形成语言、文字和图像等方式进行发表的权利。

保障公民思想言论自由，才能防止思想专制。在思想专制下，个人只能信仰国家指定的某种宗教或主张，任何其他的思想都被视为异端，任何具有其他思想的个体都被视为社会的危险分子，都要被社会所排斥或者清除。思想专制越严酷，对人的精神迫害就越严重，就越败坏人的心智与良知；人民要么完全丧失了独立思考的意识与能力，变得更加愚蠢和非理性；要么因恐惧而说谎成性、造假成习，人性变得越来越虚伪、阴暗和萎缩。思想专制的最大危害与恶果就是对人的心灵的戕害和对人性的败坏，这是任何其他发展和成就都不能抵消的恶果。

保障公民思想言论自由权，才能杜绝公民“因言获罪”，即因为思想言论与统治者的意图不和而遭受惩罚。我国历史上的“焚书坑儒”“文字狱”就是这种情况。没有思想言论自由，形式主义就会大行其道。人们表面上说一套，内心里面想一套，做事谨小慎微，在鼓励相互揭发的情况下还会出现“莫谈国事”“道目以视”。人们对社会的不满不通过语言发泄出来，就会郁积于内心，但这种郁积达到一定临界点，任何微小的事件，都会促成社会的大变革。这就是“坑灰未冷山东乱、刘项原来不读书”的道理。

思想言论自由同时也是相对的、有条件的自由，必须遵守宪法和法律相关规定。比如宪法规定了公民不得发表煽动颠覆政府的言论，这是任何国家都不允许的。宪法还规定了对公民各种权利的保护，包括公民的名誉权和隐私权，因此公民的思想言论就必须以不侵犯他人的名誉权和隐私权为限，从而就不得对他人捏造事实和进行恶意诽谤。尤其是在新媒体时代，每个人都拥有了发表言论的渠道，因此更应该树立起言论责任的意识，即每个人都应该为自己的言论负责。言论自由和言论责任都是公民意识的构成内容，在增强公民权利意识的同时，也有增强公民的社会责任意识。

我国经历了长达两千多年的封建社会，保障公民思想言论自由权利的意识还比较薄弱。“一言堂”“家长制”的作风屡见不鲜。“我不同意你的观点，但我捍卫你说话的权利”要成为现实还需要一个过程。不少人认为只要你不同意我的观点，你就是对我个人有什么意见，你和我之间就是对立关系。还有人认为言论自由可有可无、无关紧要，只要把老百姓的物质生活搞好就行了。国家一旦把思想言论控制看作是理所当然、是国家的权力，意识不到它是对公民权利的侵犯，那么人们在思想言论上就难以获得自由，任何人说话都会谨小慎微、察言观色。长此以往，就会假话、套话、官话盛行，没有人会把别人的话当回事，也没有人为自己的言论负责，投机钻营和功利主义就会盛行。

保障公民思想言论自由，既需要有权利意识，同时也需要有宽容精神。宽容精神是一个社会文明进步、健康发展的条件。是否具有宽容精神，也反映了社会文明进步的程度，民主法治实行的程度。在真正实行民主法治的国家，宽容精神必然成为从政府到公民的社会普遍共识。要允许人们发表不同的意见，哪怕是错误的意见，只要这些意见不违背宪法和相关法律的规定，就要做到“有则改之、无则加勉”。由此人们才会为国家贡献自己的思想与智慧，才能推进国家的发展与进步。

七　公民政治权利保障

公民的政治权利是指公民依据一定的宪法和法律规定，参与国家政治生活的权利。公民与臣民不同，臣民是因附属和效忠于君主而承担国家义务，公民则因享有政治权利而承担国家义务。只承担政治义务而不享有政治权利的是臣民而非公民。“天下兴亡，匹夫有责”所指的天下是天下人之天下，而非某个人、某个群体的天下。保障公民的政治权利，是公民履行政治义务、承担政治责任的前提。

1. 公民应享有政治权利

> 公民的政治权利是指公民平等参与国家政治生活，共同管理国家的权利。公民享有政治权利是主权在民的体现，也是实现公民其他权利的保障。公民的政治权利主要由知情权（监督权）、选举权和参政议政权构成。

亚里士多德认为人天生就是政治动物，在城邦之外，只有神与野兽。马克思也认为人是社会关系的总和，人总是要在共同体中生活。没有人能够脱离共同体，区别只是在于他所在的共同体是“虚幻的”还是“真实的”。马克思认为以往的国家由于只属于某个阶级，因此是“虚幻的共同体”；未来的国家属于所有人，因此是“真正的共同体”。“真正的共同体”就是“自由人的联合体”，即所有人能够自我做主，不受排斥和强迫。“真正的共同体”的实质是公共生活的共同参与和共同治理。保障公民的政治权利，就是保障公民“参与国家政治生活，管理国家以及在政治上表达个人见解和意见的权利。”①

公民参与政治生活，只因为政治共同体的行为关涉到他的当下或者潜在的利益。享有政治权利是公民当家做主的体现。公民是国家的主人，主要体现在两个方面：其一，公民是政治权力授权主体，即权力的委托方。执掌公共权力的人称为“公仆”，就在于他掌握的权力来源于公民，他是被委托方，他行使权力要为公民的共同利益服务，他的权力要接受公民的监督。在此意义上，公民参与政治生活的一种重要方式就是对权力的监督，以形成制约公权力的力量，促使公权力不越界行使。其二，公民是政治生活的直接参与者，依法行使参与国家管理的政治权利。公民授权执政者管理国

① 许崇德：《中华法学大辞典·宪法学卷》，中国检察出版社1995年，第788页。

家，只是权利的部分让渡而不是全部让渡，因此它并不意味着公民从此就完全交权，只能由执政者作为唯一的主体管理国家。实际上，“完全交权”是不可能的，公权力的行使需要受到制约，公共意志也需要时时在国家的大政方针中得以体现，因此公民同样需要作为重要的主体参与国家的管理。公民依法参与国家管理，是公民作为国家主人、自我管理与自我服务的体现。

政治权利是实现公民其他权利的保障。首先，公民拥有参与立法的政治权利，那么公民就可以影响立法以使其体现对公民权利的保障。公民可以通过自己授权的立法机构和人民代表，以及直接参与立法活动，而对立法工作发挥影响作用，从而使自己的各种权利诉求能够进入到立法中。但如果公民没有参与立法的政治权利，那么就难以保证公民权利都被写入国家的宪法与法律，立法也就难以真正体现人民的意志。其次，公民拥有监督公权力的政治权利，那么当他们在遭遇自身其他权利被公权力侵犯时，公民就可以通过监督权的行使而迫使侵权者受到行政与法律的制裁。有了公民的有效监督，才能推动司法机构对政府侵权行为的立案侦查与公正审判。不仅政府要受到公民的监督，司法机关也在公民的监督之内，如果法院在判决过程中因行政权力的干预而枉法，侵犯公民应享有的平等权利，那么公民就可以通过行使监督权而向政府和法院进行质询，以促使其纠正错误。因此，公民享有政治权利，是构建责任政府的前提；公民没有政治权利，政府就不会为自己的错误承担相应的法律后果，从而就有可能一而再、再而三地发生侵犯公民权利的事情。

公民的政治权利主要由知情权（监督权）、选举权和参政议政权构成。知情权是指公民享有获取和知悉与政治生活有关的人、事、物相关信息的权利。这就是说，公民有权知道公权力行使主体、公权力运行规则和运行过程、公权力运行结果的相关情况。由此，公权力行使主体只拥有“相对隐私权”，它既然决定到公共机构任职，就应该让公众了解它的所作所为；公共机构则应该做到

"财务公开""政务公开"，让公众了解公共权力运行的情况。公民如果不了解这些情况，他就无法知道他授权的主体或者机构是否代表了他的利益、是否遵循了他的意愿；也就无法对政府等公权力机构进行有效的监督。公民可以监督和批评政府，这是公民的一项基本政治权利。拥有知情权，就意味着公民有权索取他想得到的相关信息，公共机构也有义务提供这些信息，只要提供这些信息不违背宪法和法律的相关规定。

选举权包括选举和被选举的权利。选举是人民主权的体现，是公民授权于政府的必要方式，是政府执政合法性的来源，同时也是权力制衡的手段。选举意味着只有代表多数人意愿的个人或群体才能执掌权柄；要定期进行权力的选举从而定期接受考验，凡是在此期间不能满足多数人意愿的个人或者群体都不能继续掌权。公民拥有了选举权，政府就能够成为服务型政府，它服务民众就是服务于自身的选票。没有了公民的选举权，就难以保证政府真正为人民服务。自上而下的权力指定只能导致官员形成权力至上、服务权力的思维，从而产生凌驾于人民利益之上的、以为服务自己为目的的权力阶层。

参政议政权就是指公民在任何时候都有通过合法途径发表意见、影响政治决策的权利。选举确立了选民与代表之间的代理关系，这种代理只是"部分代理"而不是"完全代理"。公民既不是通过选举就把权力"一交了之"，代表也不是当选了就可以"为所欲为"。代表要收集选民意见，并在公共机构中为选民利益据理力争。并不是所有代表都会尽职尽责，也并不因为有了尽职尽责的代表，所有选民都会达成所愿。选民与代表之间、选民与选民之间、代表与代表之间需要不断进行沟通与交流，由此扩大共识，形成制约权力、影响决策的力量。保障公民的参政议政权，意味着政府有责任提供必要的参政议政平台，并保护公民的言论自由。离开了参政的渠道和议政的空间，即便存在代表，他也只能是远离了公民利益、徒有形式的符号。

2. 公民政治权利的民主制度保障

> 民主制度是落实公民政治权利的制度保证。民主监督制度是对公民知情权、监督权的保障，民主决策制度是对公民参政议政权的保障，而民主选举制度则保障公民的选举权与被选举权。

民主制度是落实公民政治权利的制度保证。民主制度与政治权利是一个问题的两个方面。民主制度和政治权利都是要保证公民在国家政治生活中的当家做主地位。政治权利是内容，民主制度是形式。公民没有政治权利，再好的民主形式都与他无关；国家没有民主制度，再多的政治权利都是一纸空文。

民主制度的首要环节是规定公共事务的公开化、透明化，这是对公民知情权、监督权的保障。民主是要让公民当家做主，这就需要让公民知道“家里”的情况，因此公共事务的公开化、透明化是民主的内在要求。公共事务公开化、透明化，解决了公民与公仆之间的信息不平等、不对称的问题。在信息不平等下，公民所得到的信息都是经过公仆选择后再公布出来的信息。公民由于不掌握全面的信息，无法知道自己利益是否被损害，也无法知道公仆是否在滥用权力。

民主制度的主要内容是有关公开讨论和民主决策的制度，这是对公民参政议政权的保障。民主与专制是一对反义词，专制是指在公共事务中由个人或者少数人说了算，民主则是指在公共事务中由多数人说了算。民主意味着公共事务必须进行公开讨论和民主决策。任何公民都有权对公共事务发表自己的意见，同时任何机构和个人都不能阻止和侵犯他人参与公共事务讨论的权利。公民不仅有权发表意见，而且有权参与民主决策过程。民主制度提供了公民参政议政的制度保障，这就使公民的政治权利从一种法定权利，进一步落实为具体的政治运行体制与机制。法定权利免除了公民对公共事务发表意见的后顾之忧，民主制度则进一步为公民的言论自由提供合法平台。如果公民在公共事务中不能发表自己的意见，只能发表“被提供”的意见，这个时候公民的参政议政就成为了虚有其表的形式。

民主制度的核心和关键是民主选举制度，这是对公民选举权利的保障。从实际操作的可能性来看，社会公共事务千头万绪、大大小小、纷繁复杂，不可能事无巨细都由公民直接参与决策和政策的制定，这就需要由公民选出的执政者和政府来进行公共决策。现代民主政府都是代议制政府，即政府是选举产生的，它代表人民行使权力。公民要么通过选举议员或者代表组成代议机构，再由代议机构中的多数派组建政府来行使公共权力；要么通过选举总统，再由总统组建行政团队来行使公共权力。通过代议制，公民与议员之间、代议机构与政府之间形成了代理与被代理的关系。代议制表明，政府并不独立于公民之外，公民通过选举始终与政府保持着紧密联系，也通过选举而对政府实行有效制约，以确保公权力真正服务于人民。为了确保政府始终代表人民利益，民主制度就要求实行定期选举，以使政府定期接受人民的检验；一旦执政者背离了广大人民的利益与意愿，就将被取消拥有行使公权力的资格。

没有民主制度的政府被称为专制政府。专制与民主有两大区别：民主是多数决定，专制是少数决定；民主是公权力要接受全体公民的监督与检验，专制是权力无须接受公民的监督与检验。在专制制度下，公民被剥夺了政治权利，公民的政治参与被定为非法活动，从而只能以一种政治反抗与反叛的方式表现出来。由于公权力不需要接受公民的监督与检验，公权力无论是为善还是作恶，都将继续行使，人们只能将期望寄托于“圣主明君”的出现，靠他们的恩典而受惠。如果暴君恶政发展到使社会各业凋敝、民不聊生的地步，人民活不下去了通常就只能揭竿而起、发动暴乱，推翻旧政权、建立新政权。所以专制政权永远不可能是真正的长治久安，且总是走不出这种“治乱”的周期。

3. 公民政治权利与政府公权力之间的关系

> 公民政治权利与政府权力的互动关系是：公民政治权利为政府拥有的公权力提供其合法性基础与源泉，而政府权力又是保障公民政治权利的一种重要力量。

公民的政治权利与政府的公权力是相互排斥又相互依存的矛盾体。斯宾诺莎曾说：“每个公民或臣民拥有的权利越少，国家权力就越大。”[①] 公民希望政府能够保障自己的政治权利，同时为社会带来持续的繁荣与富强；政府希望公民能够为国家多做贡献，同时维护社会的秩序与稳定。公民与政府都渴望获得对方对自己忠诚，但同时都提防着对方。在公民政治权利与政府公权力之间，强调一方而抹杀另一方，都不利于社会的发展与进步。

公民政治权利是政府执政合法性的基础与源泉。斯托克认为：“权力要合法……必需有三个条件：符合既定的规则；规则本身经受得起以共有的信仰为参照而进行的检验；以及下属——尤其是其中最重要的成员——对特定的权力关系明白表示同意。”[②] 在传统社会，政府公权力的合法性主要来源于信仰，统治者“君权神授”，是“代天牧民”，我们在《史记》中很容易发现王朝的开创者总是与各种“神迹”联系在一起。在现代社会，经历了思想启蒙运动对政治权力的“祛魅”[③] 之后，执政者的合法性只能来自于公民的认可和授权。

在具体操作中，未必总是先有宪法确认公民的政治权利，然后

① ［荷］斯宾诺莎：《政治论》，商务印书馆1999年，第24页。

② 俞可平：《治理与善治》，中国社会科学出版社2000年，第84页。

③ “祛魅”是社会学家韦伯常用的一个概念，指的是消除神圣光环。

才有公民通过代表推选出政府。情况往往与之不同，先通过代表选举产生政府，然后在政府领导下制定宪法和法律，确认公民的政治权利。从表面上看，是政府带来了公民政治权利；其实不然，通过授权产生政府，其前提公民或代表有权可授，也就是说授权行为本身就已经承认了公民拥有政治权利。

政府的公权力是公民实现政治权利的保障。不仅权利与权力会发生冲突，权利拥有者之间也会发生冲突。在公民政治权利遭受侵犯时，政府的公权力是唯一可以凭借的合法力量。政治制度与体制不同，政府对公民政治权利进行保障的态度与力度也各不相同。就公民政治权利受到政府公权力侵犯而言，公权力之间有无制衡至关重要。没有制衡，就难以救济；相互制衡，就可以通过另一种公权力救济。就公民政治权利遭受其他个人或群体侵犯而言，公权力是否发生异化至关重要。公权力没有发生异化，维护公共利益，公民的政治权利就能得到良好保障；公权力发生异化，挪为私用，公民的政治权利就难以得到保障。

保障公民的政治权利，能够增进公民对政府执政的认同。损害公民的政治权利，或者公民的政治权利遭受侵犯得不到救济，就会引起公民对政府执政的质疑。公民通过合法渠道提出政治权利诉求，不应被视为政府执政的威胁，而应被视为公民尊重和认同政府执政合法性的表现。政府能否积极主动地提供实现公民政治权利的平台与空间，是否自觉遵循与维护宪法与法律所规定的公民享有的政治权利，这也是衡量政府是否正当与合法的一个重要标准。

第五章　权力制约

一　权力是把“双刃剑”

权力制约是善治社会的一个重要理念。权力是依靠国家机器维系的具有强制性特质的公共力量，因此也称作公权力或公共权力。公权力本身是为促进社会合作、增进全体人民的普遍幸福生活而建立的，它是实现社会善治的重要手段，这是公权力的正当功能；同时人性的弱点又会使公权力被滥用，对社会善治构成破坏，使得公权力又具有异化的可能性。权力制约的必要性首先就是由权力本身的特质及其两面性所决定的。权力是把“双刃剑”的意思就是指：公权力既可为善又可为恶，它究竟会发挥什么样的作用取决于必要的权力制约是否得以实施。

1. 公权力的强制性特质

> 任何公权力的存在与运行都具有一定的强制性，强制是所有政治权力必需的构成要素。在合理正当的意义上，公权力强制的形成需要它自身的正当性、合法性作为内在依据，同时需要国家机器的支撑作为外在条件。

任何公共权力无疑都意味着一种强制力量，无论是在传统的“统治”还是现代的“治理”模式下，公权力强制都是存在的，尽管人们喜欢有意无意地淡化现代社会治理中公共权力的强制性，然而强制是任何政治权力都必需的构成要素，这是不可否认的事实。

公权力具有强制性，就其内在依据来看，这种强制性首先应源自于它的合法性与正当性。公权力来自公民对自身权利的让渡，它体现的是一种公共意志，这种公共意志要求以增进公共利益、实现普遍幸福为出发点和归宿，这正是公权力的正当性与合法性所在。公权力的正当性与合法性就决定了，对公权力的服从是所有公民的责任和义务，公民服从公权力才能使公权力的正当功能得以发挥和实现，才能达到其增进公共利益和全民幸福的目的。因此公权力的内在强制性指的就是它自身的正当性与合法性，也就是一种道义上的应当和必需，这就构成了对其适用对象的一种内在强制力量。

就其外在条件而言，公权力的强制性必须依靠国家机器的支撑才能形成。权力是一种能够支配其适用对象的力量，这种力量不是由某个人或某些人所构成的，而是由整个国家机器所支撑的，正是基于这种权力的支配性而决定了权力具有强制性。"在权力的运行中，无论权力对象是否认可权力主体的行使权力的行为，权力主体的意志总会得到权力对象的服从。……它可以通过'控制、统治、命令、影响、支配、强制、指挥、操纵、领导、指导、威胁、说服、诱导（奖赏）、禁止、维持、支持、创设、变更、取消、安排或分配等方式'作用于权利客体。"[①] 就是说，作为一种依靠国家机器维系的支配性力量，公权力借助于国家机器的支持，通过政治、经济、军事、法律等手段的运用，从而对其客体具有一种巨大的强制作用。

公权力强制必须以其内在的正当性、合法性为依据，就是说，依靠国家机器支撑所形成的强制力，必须是以其正当性、合法性为前提的。但在现实生活中，公权力强制并不总是正当的、合法的。

---

① 王莉君：《权力与权利的思辨》，中国法制出版社 2005 年，第 23—24 页。

相反，它常常会偏离其原本的意义与目的，有鉴于此，如何保持公权力强制的正当性、合法性，就是国家政治生活中的一个核心问题。就是说，全部问题的关键不在于要不要公权力强制，而在于我们应要怎样的公权力强制，即该强制什么和不该强制什么，以及怎样才是合理正当的强制。国家的行政体系和法律制度都是具有强制性的公权力，在承认它们存在的必要性、合理性前提下，公权力强制其实不是问题，如何强制才是问题。

2. 公权力的正当目的与功能

公权力强制的正当性是与其正当目的与功能相联系的。随着现代民主社会的发展，人们越来越认识到公权力的正当目的与功能主要体现在以下四个方面：一是对公民自由与权利的维护；二是对社会各方利益的协调整合；三是对社会公平正义秩序的建立与维持；四引导人们谋求优良的生活。

公权力强制的正当性是与其正当目的与功能相联系的。就是说，强制之所以是正当合理且必需的，根本上是因为支撑公权力强制的是某种合理而正当的目的。公权力是为实现合理而正当的目的而建立的，这就要求它要发挥应有的功能与作用，否则公权力就没有存在的理由。随着现代民主社会的发展，人们对公权力的正当目的与功能越来越有了清晰的认识，政府作为公权力运行的主体应当保障人民的基本权利，协调和整合各方利益，维护社会公平正义秩序，引导人们追求优良的生活越来越成为普遍的共识。具体来看，公权力的正当功能主要包括以下几个方面。

第一，维护公民的自由与权利。公民权利是公权力得以产生的基础，公民享有的权利不是国家权力的恩赐。相反，公权力才是来自公民权利的。因此，要保持公权力存在的合法性依据，就必须保障公民个人权利不受侵害。政府为公民权利提供的保障主要包括：

其一，政府通过行使公权力为公民提供基本生活保障，以实现公民的生存权与发展权。政府有义务也有责任为其公民提供基本的生存和生活保障，通过权力的行使实现对社会公共资源的合理公正分配，特别是对没有生活能力或生活条件受限的群体给予必要的救助，从而保障每一位社会成员的基本生存与发展权利。其二，政府通过法律制度的制定与实行以确保公民的自由与权利的实现。国家法律的制定必须包含公民权利保护的内容，包括对公民生命权、人身自由权、思想言论自由权和民主权利的保护，任何政府机关都不得以任何理由侵犯上述公民权利。其三，政府制定所有公共政策也要体现对公民权利的保护。公共政策的制定通常关系到全体人民的利益，会给人民的生活带来极大的影响。政府除了要制定直接以保护公民权利为目的的公共政策外，在制定基于其他目的的公共政策时，譬如，为了经济发展目的、公益建设目的或国家与政治利益目的等，都要做到不得与保护公民基本权利的原则相违背。

第二，整合与协调社会各方面利益，促进社会的普遍合作。社会是由不同的利益群体组成的，不同的利益群体之间必然存在着各种各样的利益矛盾。在个人利益与个人利益之间、个人利益与公共利益之间，矛盾与冲突都是普遍存在的。公权力存在的一个重要作用就在于，通过对资源的整合与调节，实现个人利益与公共利益之间、不同利益群体之间的协调统一。公权力所具有的利益调节功能主要体现为两个方面：首先，公权力对社会中各种利益的存在具有区分与定位作用，就是说，通过权力对利益的界定与确认，以对不同的利益进行区分和定位。例如，对个人利益与公共利益、眼前利益与长远利益、特殊利益与普遍利益、物质利益与精神利益等的界定与区分，这是我们整合并协调各种利益矛盾的前提和基础。只有准确地理解和划分利益范畴，才能更好地、有针对性地解决利益冲突问题。其次，公权力的利益分配功能是协调各方面利益的关键与核心所在。公权力主要通过对经济的宏观调控、制定分配政策与制度和主导社会再分配而实现其社会分配功能。公权力参与社会分配活动，可以有效地引导社会分配遵循公平正义原则，以尽可能促进各方面利益的有序、协调与合理分配。公正的社会分配又是促进社会合作的必要前提。只有使社会各阶层的利益诉求都得到合理的满足，社会发展的成果能够惠及全体人民，既体现按贡献分配的原则，又体现对弱势群体的救助与补偿以缩小贫富差距，才能够调动各方面的积极性，促进社会普遍合作的实现。

第三，建立与维护公平正义的社会秩序，维持社会的安定与和谐。建立公正的社会秩序是社会良好运行的前提条件，也是善治国家的基本特征与要求。公权力具有建立与维护社会公平正义秩序的功能，这根本上就体现在对公民平等权利的维护上。所有公民在人格尊严上都是平等的，从而所有公民都应平等地享有各项基本权利。这又意味着，公民基本权利的平等享有是其人格尊严平等的重要体现，从而也是建立社会公平正义秩序的根本要求。政府的一个重要职能就在于更好地保障公民平等权利的实现，建立与维护人与人之间平等的人格尊重关系，这是建立与维护社会公平正义秩序的前提和基础。从政治领域来看，就是要建立与实行民主政治制度，拓宽公民民主参与渠道，以确保全体公民民主权利的平等实现。从经济领域来看，主要是要建立与维护公平公正的市场竞争秩序，有效规范各种市场行为，确保公民平等参与市场竞争的权利。再从法治领域来看，主要就是要将公民权利保障纳入法治轨道，逐步建立以权利公平、机会公平、规则公平为主要内容的社会公平保障体系，努力营造公平的社会环境，使公民的各项法定权利都能得到法律的平等保护。我们讲人人平等主要指的就是人与人之间的权利平等、机会平等和规则平等，这是社会公平正义的基本内容，也是实现社会安定和谐的根本保证。

第四，引导人们谋求优良的生活。作为公共意志的代表，公权力对于国家政策、政府决策、法律制度等的制定与推行起着特殊的作用，同时，政府也正是通过政策与制度的制定与推行，对人们的行为规范和生活方式等产生着重要的影响，从而能够有效地引导人们谋求优良的生活。任何政策与制度本身都具有一定的价值诉求与指向，从而对人的精神世界与行为活动起着重要的塑造作用。譬如，在专制制度下，它要求人民绝对地服从，从而塑造和培养的是一种奴性人格；而在民主制度下，它尊重人们的自由与平等权利，由此而产生的国民精神就是自由而独立的。政府还通过开展公民教育等方式对人们的行为加以引导。公民教育是政府提高公民自身素质的最主要方式，它有利于培养全社会的公民意识，包括公民的权利与义务、道德与规范的意识。通过公民教育可以使人们认识到自由、尊严、民主、法治、公正等价值的重要性，认识到它们是谋求优良生活的必要条件，从而引导人们为追求全社会的普遍幸福生活而努力奋斗。

3. 公权力具有为恶的可能性

> 公权力是实现社会善治的重要手段，但在实际运行中，公权力的行使又具有异化变质而作恶的可能性。导致权力作恶的原因有多方面，可以从人性根源、制度根源和思想根源几方面来加以分析。

公权力是实现社会善治必需而重要的手段，这是权力的正当功能与作用所在，不过在实际运行中，权力也存在着异化变质而为恶的可能性。就是说，公权力是一把“双刃剑”，当其正当行使时，它就能发挥其应有的功能与作用，成为维护人民权益、促进社会合作的重要力量；当其非正当行使时，则会偏离公共利益而演变为“私人工具”①，从而造成权力的异化变质，对人类社会生活起着极大的破坏作用。公权力具有变质为恶的可能性，这可以从人性根源、制度根源和思想根源几个层面来加以分析。

① 许连纯：《党内权力监督干部读本》，中共中央党校出版社2004年，第102页。

首先，导致公权力变质作恶有其人性根源。“人来源于动物界这一事实已经决定人永远不能完全摆脱兽性，所以问题永远只能在于摆脱得多些或少些，在于兽性或人性的程度上的差异。”[①] 人来源于动物的事实决定了人性中必然具有“动物性”的一面，这就是所有动物都具有的自我保全和自我满足的倾向（自利的倾向性），它构成了人类行为的一个非常重要的内在动因。但人又不是只有动物性的一面，人还有超越动物本能的精神性的一面，这就使得人的行为并非只有源于动物本能的动机，人还有超越动物本能的理性的、意志的动机。就拿公权力的建立来看，人类为了能够过一种更好的社会生活而创建了公共权力，这本身就是一种超越了动物本能而出自理性与道德意志的行为，因此公权力在本质上是符合普遍理性和道德的。

按照公权力的本质要求，它应以谋求社会的公共利益和人类的普遍幸福为目的，即应以公共目的而非任何私人目的作为自己的全部出发点和归宿。但在现实生活中，任何公权力的行使都要由某个团体甚至是某个人来具体担当并执行，因此权力的实际运行很大程度上就要取决于这些个人的实际行为。前面我们已经指出，任何个人都具有动物性和超越动物性的两面，行使权力者也同样具有这样的两面性。一方面，他们有超越动物本能的理性与道德意志，这使他们能够做到正确地行使公权力，始终以公共利益为目的；另一方面，人性中的自利本能又使掌权者具有将公权私化的内在动力，从而总是倾向于利用手中的公共权力为自己谋取私利。当个人的这种私欲和贪念得不到有效的限制和约束时，就会冲破理性和道德的防线，于是产生权力异化。权力一旦被用作个人谋私的工具，因私废公、以私损公的事情就必然会发生，公权力作恶就不可避免。可见，导致权力变质作恶的原因，是跟人性中的私欲本能及其不能得到有效制约相联系的。

---

① 《马克思恩格斯选集》第3卷，人民出版社1976年，第140页。

其次，导致公权力变质作恶也有制度根源。制度作为一种正式的、公开的规范体系，它确定了人们之间的相互关系以及相应的权利、义务和权力等，这些规范指导人们哪些行为是能够被允许的，哪些行为是必须被禁止的，当违背了制度规范就要受到什么样的惩罚等。[①] 公权力的行使也需要制度的规范，这是确保权力正确行使的重要条件，因为“制度好可以使坏人无法任意横行，制度不好可以使好人无法充分做好事，甚至会走向反面”。[②] 在现代政治思想语境中，好的政治制度既恰当地规定了公权力行使的范围和权限，又对公权力的行使发挥着不可缺少的监督和制约作用，因此它可以最大程度地保证公权力的正确行使，使公权力发挥其应有的良好功能。反过来，坏的制度则既无恰当的权力规范，也无有效的权力制约，从而成为导致公权力变质作恶的重要因素。

具体来看，导致公权力变质作恶的制度根源主要体现在以下两个方面。一方面，制度本身的缺陷或漏洞为以权谋私提供了条件。任何制度的建立都有一个从不完善到完善的过程，这也就使得制度的制定与运行过程中不可避免地会存在着缺陷或漏洞。或者是规范不到位，或者是缺乏必要的监督制约机制，制度的这些缺陷或漏洞就为一些人“有空可钻”，利用制度的不足滥用权力创造了条件。另一方面，如果制度本身就存在着错误的价值导向和不合理的权力设置，那么它也会导致权力的滥用。任何制度都是人制定的，人制定的制度就有好坏、对错之分：好的制度要对公权力进行必要而恰当的限制，以有利于维护社会的公平正义；坏的制度则往往以维护特权为出发点，因此它根本上是破坏公平正义的。在坏的制度的导向与纵容下，必然就会将公权力引向变质作恶的道路。综上，为了防止公权力变质作恶，就必须加强制度建设，以形成对权力有效而

① ［美］约翰·罗尔斯：《正义论》，何怀宏、何包钢、廖申白译，中国社会科学出版社1988年，第52页。

② 《邓小平文选》第2卷，人民出版社1994年，第333页。

正当的制度约束。

最后，导致公权力变质作恶还有其思想根源。中国曾是一个长期实行封建专制主义制度的国家，在这样的国家里必然盛行的就是“官本位”和“特权”思想。在封建专制制度下，统治者拥有至高无上的权力，他们不仅主宰着整个国家，而且对全体臣民拥有生杀予夺的大权。在这种权力至上的现实土壤里，必然就会生长出以官为本、以官为贵、以官为尊的“官本位”思想，因为拥有权力就意味着拥有一切，不仅是金钱、财富还包括地位与荣耀，当了官也就意味着可以“高人一等”，因此几乎人人都把“当官”作为个人出人头地的不二法门。“官本位”思想同时还伴生着一种“特权”思想。在权力至上的社会，人们之所以追求权力，根本上是因为拥有权力也就意味着可以享有许多只有当官才能享有的特权。权力至上的现实土壤中不仅必然会生长“官本位”思想，而且必然也会生长“特权”思想，所以人人都向往当官，也就是人人都向往特权。在特权思想的影响下，人们不是希望消灭特权，改变社会的不公平，而是希望自己能登上权力的高峰，从而成为享有特权者中的一员。

“官本位”和“特权”思想至今仍有很大影响，这是导致今天公权力异化变质的重要思想根源。在不少人的思想深处，当官就意味着“高人一等”，意味着是“特殊公民”，因此享有特权或特殊待遇是理所当然的事情。正是在这种思想观念的支配下，公权力的运行往往就会偏离其为民所赋、为民所用的本质，而成为一些握有权力者谋取私利的工具。官员以权谋私有两方面的主要体现：一方面体现在官员个体的贪赃枉法、触犯国家法律；另一方面体现在权力集团在制定有关政策和制度时，利用自己的权力优势而作出特别偏向于官员群体的决策，这是造成社会严重不公平的一个重要原因。权力集团因私心而作出的不公正决策，由于它直接影响到千千万万人的生活，因此往往比单个官员以权谋私所造成的恶果更为严重而深远。之所以会出现这些权力作恶的现象，从思想根源来看主要就是“官本位”思想和“特权”心理影响的结果，因此为了防止和遏制权力作恶现象的发生，除了需要加强对权力的制度约束外，还需要在思想观念上根除“官本位”和“特权”思想。

二　没有约束的权力必然作恶

正是因为公权力具有变质作恶的可能性，所以需要对其进行必要的约束，没有任何权力具有完全的自我净化能力，从而没有任何权力可以不需要被监督和制约。公权力一旦失去了必要的约束就将偏离其应有的目的与功能，从而蜕变为一些人谋取私利的工具，而权力一旦被私有化，权力的滥用与作恶就不可避免。权力滥用通常又表现为：权力腐败与专制主义，前者必然导致以私废公，后者必然形成对公民权利的侵犯，因此它们正是权力作恶的两种主要形式和表现。

1. 没有约束的权力必然会被滥用

> 没有约束的权力必然会被滥用，这根本上是由权力的谋利性与自我扩张本性所决定的。一旦权力的运行不受任何约束，其谋利性与自我扩张本性在人的贪欲作用下，必然就会形成对权力的滥用。

权力本身代表着一种能力和力量，对权力的行使“具有单方的意志性和强制性”①，因此需要也必要有一种与之相对应甚至是更强大的力量予以监督并制约；在没有外力约束的情况下，公权力往往都会被滥用，以致发展为一种作恶的力量，这是被古往今来的历史所反复证明的。“一切有权力的人都容易滥用权力，这是亘古

① 姜明安：《行政法学》，中共中央党校出版社 2002 年，第 65 页。

不变的一条经验。”[①] 公权力之所以容易被滥用，这是由其本身的特性所决定的。公权力具有谋利能力和自我扩张两种特性，因此在缺乏对权力有效约束的情况下，权力的过度膨胀和对权力的滥用就不可避免。

首先，权力具有谋利性或谋利能力，这是导致权力容易被滥用的根源所在。权力的存在总是同利益的存在联系在一起的，任何权力都具有谋利性，对利益的谋取本身也是权力的一项基本功能。公权力的建立之所以必要，就是为了能够更好地增进公共利益，促进人民普遍幸福的实现。就是说，公权力本身也是一种谋利或增利的手段，但它不同于私权的特点就在于，公权力所要谋也必须谋的是有利于全体公民的利益即公共利益，而不只是某些人或某个利益群体的利益。是为了谋所有人的公利还是为了谋一己之私利，正是公权与私权的根本区别所在。任何社会成员都可以在法律允许的范围内拥有一定的私权为自己谋取私利，这是完全正当的，但问题在于，如果公权力也变成了一些人为自己谋私利的工具，它就背离了它应有的目的和功能，也就丧失了其正当性与合法性。

公权力不仅具有谋利能力，而且它的这种能力比私权要大得多。在没有外在约束或约束不力的情况下，公权力的这种强大的谋利能力就会跟掌权者的私欲和贪念结合起来，以权谋私、权力寻租便由此而产生。公权力总是由一些具体的人和部门来掌握和行使的，这些具体的权力主体就会有他们自己的私人利益，当公权力的行使得不到有效规范与制约时，这些具体的掌权者就会倾向于将公权变为私权，利用手中的公权力来为自己谋取私利。尽管提升主体的道德修养能够在一定程度上阻止掌权者将公权私化，但这种单纯的道德作用毕竟是非常有限的，当权力能够为行为主体带来巨大好处即巨大的利益满足时，人的道德意志其实往往会变得不堪一击，从而拜倒在自己的私欲和贪念面前。由此来看，不被约束的权力是难以真正抵御利益诱惑的，从

① ［法］孟德斯鸠：《论法的精神》上册，商务印书馆 1997 年，第 154 页。

而公权私化就难以避免。

其次，权力还具有自我扩张性，这也是导致权力被滥用的一大原因。权力的自我扩张性是指，在缺乏外在的强制性规范的情况下，即当没有受到外在阻力的情况下，权力在行使过程中通常都有一种将自身越来越扩大的倾向：权力作用的对象与范围会越来越扩大，作用的力度和强制性也会越来越扩大。权力的这种自我扩张本性就意味着，公权力“只要使用，就会有滥用的可能”。[①] 换言之，正是因为权力具有自我扩张的本性，因此当公权力不被规范和制约时，它就必然会发展为对权力的滥用。滥用权力一是表现为扩权，不该管的管了；二是表现为大权独揽，所有权力集于一人之身。通常所谓用权不当的问题，最主要的就是滥用权力的问题。

2. 权力腐败的成因与恶果

腐败是权力被滥用而作恶的典型方式之一。权力的高度集中而又缺乏有效的监督与制约，是导致腐败泛滥的根本原因。权力腐败必然因私废公，从而必然造成社会严重不公平、权力对整个社会进行剥削与掠夺的恶果。

腐败是权力被滥用而作恶的典型方式之一。所谓权力腐败主要就是指一种公权的私用现象，也就是指一种“运用公共权力实现私人目的的行为，其基本特征是公共权力和公共资源的非公共性、非规范（不符合公认的法律或道德规范）的运用”。[②] 导致腐败的根本原因就在于，权力的高度集中而又缺乏有效的监督与制约，即“绝对权力绝对导致腐败”。这是因为，“在所有使人类腐化堕落和

① ［英］齐格蒙特·鲍曼：《个体化社会》，范祥涛译，生活·读书·新知三联书店 2002 年，第 5 页。

② 王沪宁：《反腐败：中国的实现》，三环出版社 1990 年，第 6 页。

道德败坏的因素中，权力是出现频率最多和最活跃的因素”。[1] 前面我们已经指出了权力的谋利性和自我扩张本性，它们也正是权力特别容易诱发和刺激人的贪欲膨胀的原因所在。

具体来看，权力腐败的原因有：其一，高度集中和过大的权力给掌权者以权谋利创造了条件。任何公权力都需要由具体的人来执行，而任何具体的掌权者又都具有“双重属性”：一方面，他是代表全体人民掌权的，因此他具有为民执政、权为民所用的要求；另一方面，他本身也作为个体的人而具有自己的利益需求。当权力高度集中时，缺少了权力之间的相互制衡，大权独揽者往往就可以为所欲为，所以大大增加了权力私化的可能性。同时，绝对的权力缺乏的是合理而必要的规范与限度，掌权者哪些可以做、哪些不可以做没有明确的规定，这也增大了权力越界行使、以权谋私的可能性。其二，对权力监督与制约的乏力更助长了权力腐败的泛滥。要遏制腐败的蔓延，最根本的就在于形成对权力的有效监督与制约机制。有效的监督不仅需要权力内部的相互监督，更需要来自权力外部的社会大众、新闻媒体的监督。有效的制约机制关键是要能够使权力滥用受到必要而合理的惩处，才能够真正起到震慑作用，使官员因畏惧惩罚而断了贪念。当今腐败现象之所以会层出不穷，一个重要的原因就是腐败易行而又代价不够大，这就激发和助长了人性之恶从而滑向腐败。

权力腐败的典型方式就是“权力寻租”。“寻租”即利用手中权力通过对市场、对经济活动等的干预以谋取私利，简言之亦即通常所谓的“权钱交易”。现实生活中利用权力谋取私利的现象屡见不鲜，如权力机关对市场经济运行、对企业运营的过多干预，通过设立各种“关卡”“机构部门”等方式乱收费以从中获利；再如普通民众办一件本来很简单的事情，却需要一层一层的程序（手

① ［英］阿克顿：《自由与权力》，侯健、范亚峰译，商务印书馆 2001 年，第 342 页。

续），其间涉及各个权力部门和权力行使者，每一个“印章”即代表着一次权力的行使，这无疑也为以权谋私创造了“机会”。公权力具有较之私权大得多的能量，它才能够很好地发挥增进公共利益的作用；但公权一旦私化，它的这种巨大能量也就成为谋取个人私利的最好手段。正如有学者指出：“对他人的控制很容易被视为实现各种各样目的的手段，权力是最通用的手段，甚至比金钱还要通用，因为权力可以支配金钱。”①

权力腐败必然会因私废公，其恶果就是造成社会的严重不公平，以及权力对整个社会的剥削与掠夺。公权力行使者因私心的诱使，而使本应维护全体公民利益的公权力转变为获取个人私欲的工具。权力一旦私化，其带来的结果就必然是对社会公共资源分配的严重不公平、不公正，同时也是对社会公平正义秩序的严重破坏。从单纯的社会经济领域来看，权力腐败带来的直接后果就是国有资产的流失、公共财产的减少、贫富差距的不断扩大和社会财富向少数位高权重者聚集，权力成为社会的主宰与统治力量，从而形成权力对整个社会的一种剥削和掠夺。

3. 专制主义必然压迫人、践踏人

> 专制主义是权力作恶的又一种典型方式和表现。专制主义通常以高度集权为前提，并必然伴以对人民思想的高度管制。思想专制的恶果和非正义性就在于，它是对人的权利的严重侵犯，也是对人格尊严的践踏和对人性良知的毁灭。

专制主义是权力作恶的又一种典型方式和表现。专制主义往往以权力的高度集中为前提，由此而形成一种独断、专横乃至残暴的统治。专制集权的运行通常要以人们思想的高度统一和对最高权力

① ［美］丹尼斯·朗：《权利论》，中国社会科学出版社 2001 年，第 262 页。

者的绝对服从为前提，因此在专制集权下，通常都要对人民施行思想管制甚至采取愚民政策，同时辅以暴力压制以至发展为暴政。凭借暴力手段对人民的思想管制，既是对人的权利的严重侵犯，也是对人的尊严的践踏，更是对人性良知的严重败坏与毁灭。因此，专制主义根本上是压迫人、毁灭人的，这正是专制主义的非正义性所在。

专制主义必然会伴以对人民思想的高度管控。专制主义的本质在于权力的高度集中，主要表现为行政决策的高度集中即“一言堂”的形成；专制主义者为了维护其自身统治的稳固性与长久性，为了使其专制统治不被破坏和摧毁，最根本的途径就是愚化百姓，使人民心甘情愿服从自己的统治。我们知道，人之思想决定人之行为，公权力借助于强制力手段将人之思想加以特定的引导或者说是控制，从而间接地影响人之行为选择和活动。这也就是说，专制主义者只有实现对人民思想的管控，才能从根本上实现对人民包括生活各方面的控制，由此实现其专制统治的目的。然而，由于专制主义带有统治者强烈的主观性，权力只能由统治者掌握和行使，其个人意志包括利益、情感、偏好等感性因素都会影响行政决策和行为的作出，这样所造成的后果只能是对人之基本权利的剥夺和侵犯。

思想专制的危害就在于对人权的侵犯和对人性良知的毁灭。专制主义对人民思想和行为方方面面的管控只是途径和手段而非目的，实施这种管控为的是实现其统治，进而维护的是其个人的欲望和利益。其实，专制主义从其统治的出发点到目的无不体现着一种对人之权利的侵犯和践踏，因为思想是一个人的灵魂，生活行为是其外在表现形式，控制了人之思想和行为犹如剥夺了人之存在的灵魂和躯体，这也就无异于是剥夺了人之全部存在。人是具有理性、具有情感的存在，人性之所以不同于物性（动物性）主要在于人具有思考问题和判断是非的能力，人性的良知告诉人们应该做什么、不应该做什么，而专制下的统治却束缚着人之思想的自由与理性的判断，也就意味着与人之自由发展背道而驰。因此，专制主义的行使必然以践踏普遍性的人权为根本途径，它通过侵犯人之权利、剥夺人之自由、践踏人性良知来对人民施以奴化和愚化统治，这无疑是对人自身的迫害甚至是毁灭。很显然，就长远发展来看，专制主义统治的结果只可能是在集权中造成权力的“坍塌”直至“失控”。

综上所述，权力的正当运行离不开外界的有效监督和制约，没有约束的权力必然会被滥用，而滥用的权力又必然会作恶，权力腐败与专制主义就是由于权力高度集中而又缺乏有效制约所造成的。要防止权力的滥用与作恶，关键就是要对权力进行有效的规范与制约，为此又必须首先确立起权力的限度即边界所在。

三　公权力的必要限度

公权力是有限度的，“有权力的人们使用权力一直到遇有界限的地方才休止”。[①] 公权力作为人类社会发展到一定阶段的产物，其边界的划分与确定是与社会发展阶段和水平紧密相连的，并且随着社会的发展不断发生着变化；但是对于某一个特定时期或社会发展阶段的权力而言，其边界应当是清晰的、可控的而非模糊的、不可控的，否则公权力将失去其有效运行的基础和前提。

1. 公权力的权利边界

公权力是有限度的，权利作为公权力的首要边界意味着，在任何情况下公权力都不得以任何借口侵犯公民权利。进一步而言，权利的价值始终高于权力，权利不是权力的手段，反之权力才是实现并维护权利的手段。

① ［法］孟德斯鸠：《论法的精神》，张雁深译，商务印书馆 1986 年，第 151 页。

权力来源于权利，维护公民的权利是公权力行使的前提和基础，因此，公权力的首要边界就是权利边界。所谓“公权力的权利边界”，是指权利对于公权力的一种制约关系，它要求公权力的行使必须以尊重和维护公民权利为前提，在任何情况下公权力都不得以任何借口侵犯公民权利。

从权利与权力的产生来看，公民权利的产生逻辑上先于公权力的产生。国家是由公民组成的“政治共同体”，公民作为国家的主人，不仅拥有生存权、发展权和自由权，而且拥有管理国家的政治权利。为了便于国家管理的具体实施，公民将他们的部分政治权利让渡出来，组建了政府，由政府代表广大公民担负起国家日常事务的管理，政府也就由此而获得了管理国家的公权力。可见，公民权利是逻辑上先于公权力的，没有公民权利的事先存在，就无所谓公权力的存在。这种逻辑关系就决定了，公权力必须以实现和维护公民权利为目的，如果公权力不能实现与维护公民权利，它也就丧失了自身存在的合理性与合法性。

进一步来看，权力产生于权利，权利的价值也高于权力。也就是说，权利绝不是权力的手段，相反权力才是实现权利的手段。权利的价值之所以高于权力，其根本原因在于权利指的是人的权利，它们是人的基本利益之所在，对权利的维护与实现也就是对人的基本利益的维护与实现，因此权利才是我们所要追求和实现的目的本身。公权力是为了便于社会管理而建立的，建立公权力的目的是为了更好地促进人们的社会合作，维护人的权利，增进人民的普遍幸福。可见公权力相比权利始终是处于手段的地位，尽管公权力对个人具有普遍强制力，公民个人必须服从公权力，这是公权力发挥社会管理作用的必然要求，但这并不意味着公权力的价值就高于权利的价值，也不意味着公权力就可以凌驾于公民权利之上。如果将权力置于权利之上，势必会形成以维护权力之名而侵犯权利，普遍的权利保障就会成为一句空话，公民权利也就不成其为权利；同时，权力成为最高价值，权力也就成了享有权利的首要条件，只有拥有权力才能享有权利，这又将导致权利的不平等享有和特权的存在。

公民的权利是否得到应有的保障，是衡量公权力运行是否处于正当界限内的重要依据。公权力在任何情况下都不得侵犯公民的合法权利，尤其不能以维护公共利益为借口侵犯公民权利；一旦公权力没有守住这个权利边界，公权力也将由此成为一种非法权力而不再具有合法的强制性。随着社会的不断发展和进步，逐渐摒弃“权力本位”而走向“权利本位”成为一个必然的趋势，因为对人之权利的认可与重视就是对人自身的尊重与保护。只有以权利为本位，将权利置于权力之上，才能为公权力设定必要的边界并对其形成有效制约，国家也才成其为真正的公民国家。正如有学者指出：“公民国家与市民社会的分立也使国家有了自己的‘边界’，它再也不能像绝对国家那样超过这个‘边界’去任意地支配或处置市民。”① 权利是现代政治文明发展的产物，设置权利的一个重要作用，就是要为国家公权力设定限度。

2. 公权力的价值边界

> 公权力的价值边界意味着，公权力的存在与运行要与人类普遍的文明价值相符合，而不得与这些关系人类普遍福祉的普遍价值相违背。公权力所要遵循的普遍价值包括：公正、自由、平等和普遍幸福等。

普遍价值是公权力的又一个重要边界，它意味着公权力必须与人类普遍的文明价值相符合，而不得与之相违背。普遍价值是指对所有人类都好的东西，即普遍的善，也就是关系到人类普遍福祉的东西。尽管人们的利益需要存在着各种差异性，但人类也有一些利

① 张康之、张乾友：《对“市民社会”和“公民国家”的历史考察》，《中国社会科学》2008年第3期，第27页。

益需要是共同的，能够满足这些共同的利益需要的东西就是普遍有利的，它们也就构成了普遍价值的内容。这些普遍价值包括公正、自由、平等和普遍幸福等，它们都是公权力运行所应遵循的基本原则。

其一，公权力应遵循公正原则。公权力的公正性要求首先就意味着，它必须以为全体人民谋福利为出发点，从而必须公正地对待每一位公民，而不得对任何公民加以歧视或排斥。公权力来源于全体公民的赋予与认可，这就决定了其运行必须对全体公民负责，否则也就无所谓“公权力”了。要对全体公民负责，公权力就不应仅仅服务和服从于某些特定的利益集团，也不得将特定利益集团的利益置于其他社会群体之上，并把其他群体当作实现一部分人利益的工具。就是说，公权力的公正性要求必须一视同仁地对待所有公民，不得搞任何特权主义，因为特权主义正是对公正原则的严重背离。进一步来看，首先是在公民权利的享有上，必须坚持人人平等原则，即全体公民应平等地享有公民权利，不得将任何公民排斥在权利的平等享有之外，也不得有任何公民可以享有超出或大于其他人的权利。其次是在社会物质财富的分配上，公权力有责任引导并推动建立公平合理的社会分配机制，包括按贡献分配的一次分配机制和偏向弱势者的再分配机制，从而才能实现社会财富的公平分配。保障公民权利的平等享有和社会财富的公平分配，正是公权力公正性的两个重要体现。

其二，公权力应遵循自由原则。自由是公民应享有的一项基本权利。自由权利就意味着人具有选择自己行为（做什么和不做什么）的权利，在不违反法律法规的前提下，人们享有对自己思想和行为的自主权和支配权。公权力应遵循自由原则，就是说公权力不得侵犯人的自由权利，这是公权力运行的一个必要边界；并且公权力还有责任维护人的自由权利，使其免于受到其他任何强力的非法侵犯。公权力自身就来自拥有自由意志的公民的授权，公民的自由意志是公权力产生的前提和基础，公权力反过来也就有责任和义务保障公民的自由权利。在权力行使过程中，要维护公民的自由权利不受侵犯，拥有权力者就不得以行使权力为由，对人们的人身自由进行非法限制，或者对他们思想言论自由加以非法压制，这是公权力行使必须遵循的重要边界。

其三，公权力应坚持平等原则。平等是人类社会追求的重要价值目标，也是公权力必须坚持的基本原则和边界之一。平等可以有多种意义上的平等，作为我们所应追求的社会平等目标，以及公权力所应坚持的平等原则，它又有其特定的内涵规定。首先，必须坚持公民人格尊严与公民身份的平等。人人生而自由平等，每个人除了生理上的差别，不存在任何的不平等。[①] 我们常说人活着要有尊严，所谓人格尊严就是一个人存在的依据或根源，失去了尊严也就意味着失去了存在的意义；因此，人格尊严不允许任何人以任何理由予以侵犯或剥夺，公权力的运行必须维护人格尊严不受侵犯。享有同等的人格尊严，亦即意味着人生来没有高低贵贱之分，也就是说没有身份尊卑之分，不论出生于何处或何种家庭，不论从事怎样的工作，其身份都具有平等性，权力行使者必须坚持这种平等性而不容改变。其次，必须坚持基于人格平等的公民权利平等。因为每个人的存在都是一个完整的个体，人格尊严与身份的平等性决定了人之所应享有权利的平等性，人人都应享有自由、平等、受教育等普遍的权利，也应享有一切合法的权利不受侵犯。换句话说，权利的享有应该是普遍的、平等的，合法的权利尤其是普遍的权利适用于任何人，也就是说，凡是可以普遍化的权利应该受到法律的保护。最后，必须坚持基于人格平等而将所有公民视为同等的目的来对待。公权力的平等性最终体现为社会中每个成员在作为目的的意义上都是平等的，都应享有平等的对待。这就意味着，政治的福祉所及必须包括所有人，不得将任何公民排除在外。

其四，公权力应符合普遍幸福原则。如果说公正是公权力的首

---

① ［法］卢梭：《社会契约论》，何兆武译，商务印书馆 1996 年，第 8 页。

要价值边界，自由和平等是公权力的核心价值边界，那么普遍幸福应是公权力的终极价值边界。“终极”指的是最终的、最高的，终极价值指的就是最终的、最高的价值；幸福是人类追求的最高目标，公权力的最高价值追求就是实现人类的普遍幸福。“普遍幸福”作为公权力应遵循的价值边界原则，它的核心和关键就在于“普遍”二字，即要求公权力的出发点和目的是为了实现全体公民的普遍幸福，而不只是个别人或一部分人的幸福。所谓“普遍性”，指的是适用于每一个（具有理性的）人的，它要求是全体或整体的幸福，否则不能称为“普遍幸福”。每个人对幸福的理解各不相同，一个人认为的幸福可能在别人看来就不是幸福，而这种个别人的幸福或某些人的幸福也就不能称为是“普遍的幸福”。公权力面对的对象是全体公民，它要求实现的也只能是全体公民的幸福，即每一个人的幸福；相反，如果公权力实现的仅仅是某个人或某些人的幸福，那么“公权力”也就不再是“公”权力，而随之转变成为一种“私权力”甚至只是一种获取个人利益的工具或手段。普遍幸福作为公权力追求的目标，是其最高的价值边界，也是其终极的价值目标。

3. 公权力的法律边界

> 公权力以法律为边界，也就是说公权力的运行必须遵循宪法和法律的规范，法律对公权力界限的界定具有强制性要求和约束，一旦逾越了法律边界则必须受到相应的来自法律的制裁；与此同时，也正是基于法律具有明文规定性、权威性与强制性，从而对公权力的制约具有不可替代的重要作用和意义。

所谓“法律边界”，简言之就是指公权力必须在法律的规范内行使，也就是说，公权力的有效运行是受到国家法律明确规定和限制的。在公权力运行中，法律作为底线要求，它是使上述权利边界和价值边界得以被遵循的基础；法律还作为一种强制性要求，它也使得对权利边界和价值边界的遵循得以保障。正是法律所具有的最高强制力，使得它成其为权力行使者必须遵守的最低界限，任何人都不可逾越半步，否则将受到来自法律强制力的惩罚或制裁。

法律作为公权力的又一边界，首先体现为法律对公权力的正当运行具有强制约束作用。法律作为一种人民意志的体现，对于每一位社会成员都具有权威性和强制力，同样也对公权力具有权威性和强制力。公权力只有在严格遵守法律的前提下才能符合人民的意志，不会偏离正确的公共目的，也才能获得公众的信服。因此公权力必须在国家法律所允许和规定的范围内运行才具有正当性，也才能受到法律的保护，一旦违背法律则会受到相应的惩罚，这正是法律界限的一个重要体现。其次，法律作为边界还体现在，法律对公权力的行使具有明确规范作用。法律约束的前提是法律规范，只有在对公权力进行明确规范的基础上，才谈得到对权力的有效约束。法律规范为权力运行提供了最基本的依据，它要求公权力必须按法律规定来行使。造成权力滥用与腐败除了有监督和惩处不力的原因外，另一重要原因就是权力的法律规范不合理或不健全，从而使得权力的行使者“有空可钻”“有机可乘”，贪腐之风因此而大肆蔓延。

法律对权力的规范主要体现在两个方面：一方面，法律对公权力行使内容的规定。法治的本质其实就是一种对权力的限制即“限权”，而这种限权指向的通常就是公权力。法律明确规定了公权力的职能、权力主体、权力对象、适用范围等内容，即法律规范了行政主体对公权力的正当行使与公权力的合法运行，保障了公民的合法权利和利益不受侵犯。法律紧密围绕公共权利（公共利益）作出要求和规范，以维护和增进社会公益的发展，促进并实现社会的公平正义。另一方面，法律对公权力行使程序的规定。任何权力的行使都必须符合法定程序，即要求从权力运行的出发点到最终目的的实现，整个运行过程（即程序）都必须符合法定程序。法定程序强调的是国家在剥夺公民人身自由或财产等权利时，必须经过正当的、合法的程序，凡是未经法律规定程序执行的，国家都不得以任何理由非法剥夺公民的生命、自由或财产。这也就是说，法律通过对程序执行的限定以限制公权力的行使，从而保障了公民个人的合法权益；只有法律明文规定的程序才是正当程序，才能由此作为公权力行使的依据，反之则不然。权力的运行通常具有多重性和复杂性，会经历许多环节且涉及不同的执行者，这就使得法律对公权力行使程序的规定显得更加重要。程序是内容的保障，没有一个有序合理的运行秩序，也就不会有合法正当的权力的实现。总之，法律对公权力的规范是通过内容与形式两方面展开的，公权力既不能逾越法律的内容规定，也不能逾越法律的程序规定；权力一旦违背了这两方面规定，它就超出了权力的法律边界，也就失去了其正当性与合法性依据。

对公权力边界的划分和确定是其有效运行的前提，没有边界的公权力是不存在的，也就是说，任何权力都是一种相对的、有条件的存在。如果说权利是公权力的首要边界，那么价值就是公权力的核心边界，法律则应是公权力的底线边界。法律边界具有强制性，它作为一种强制形式，又为权利边界和价值边界的确立提供了保障。

四 把权力关进“制度笼子”里

用法律制度约束权力是权力制约最行之有效的基本方法。事实上，法律制度本身也是一种制度性的公权力，它能够对权力自身进行有效的规范、限定与约束；在法治语境下，法律制度对于人格性的公权力具有强有力的制约作用。与此同时，以权力约束权力的分权制衡也是权力制约的重要手段，它与制度约束一起发挥作用，才能很好地实现对权力的制约。

1. 立法规范权力的设置与权限

> 将权力置于“制度笼子”里，首先就要将权力规范纳入法治轨道，即要通过立法来规范权力的设置与权限。包括将公权力的性质、机构部门、职能与职权范围等都以立法的形式予以明确与限定，这是对权力进行制约的首要环节和前提条件。

立法规范权力的设置与权限，就是要将权力规范纳入法治轨道，通过制定明确的法律条文或条例，对权力的设置与权限做出规定和确认。任何权力都必须是有一定限度的，这是防止权力腐败的首要条件，“当一个公民获得过高的权力时，则滥用权力的可能也就更大”①。立法规范权力就包括，将公权力的性质、机构部门、职能和职权范围等都纳入立法规范中。这一方面是要赋予公权力以形式合法性，因为“每一种权力只有在获得了法的承认后，才被视为一种由国家力量保护的合理的能力”②，另一方面则是为了使公权力的行使，能够被有效地控制在一定的合理的界限范围内。

通过立法规范权力主要有三个方面的内容：其一，权力的行使应有法可依。权力的行使绝不是由行使者个人所决定的。权力的赋予、权力的使用范围、权力的行使方式等都应通过立法形式予以明确规定，任何与权力相关的事物或行为都应做到有法可依，凡是没有经过立法规范的权力都是不合法的权力，也意味着这样的权力失去了其存在的合法性依据。其二，对权力的监督应有法可依。权力（存在与运行）自身应做到有法可依，同时对权力的监督亦应有法可依。权力代表的是公共意志和利益，法律就应明确要求只要是合

---

① ［法］孟德斯鸠：《论法的精神》上，商务印书馆1986年，第14页。

② 林吉吉：《权力腐败与权力制约》，法律出版社1997年，第70页。

法行使权力的行为都应得到遵从，不得非法干预或随意影响权力的正常运作，并对权力监督的范围、内容、方式和程序等都应作出明确规定。其三，对权力滥用的制裁应有法可依。违背立法规范的权力行为必须受到制裁，然而这种“制裁”并不是可以任意执行的，对权力违法行使的制裁也必须进行相应的立法规范。不仅对制裁的内容应有明确的规定，对于制裁的方式方法与程序都应有法可依、有据可查。

立法规范权力要特别注意把握好以下两点：其一，合理设置权限范围。对权力的设置不宜过大，该有的权力要设立，不该有的权力则不要设立，以避免法外设权的出现。在权力设置与权限的规范上，应遵循“适度”与“合理”原则，既要发挥公权力的应有作用，又要防止公权力被过度滥用。不论是公职人员的工资报酬，还是权力的行使范围及权限，都需要立法作出明确而合理的规定，才能为权力的运行提供可以遵循的基本准绳。其二，建立对滥用职权的有效监督和惩处机制，提高腐败的成本代价。官员贪污腐败盛行，根源在于权力过于集中，加上对滥用权力的监督和惩罚力度又严重不够，贪腐的机会很多，而贪腐的风险和代价又不够大，从而根本不能做到令官员不敢贪、不想贪和不能贪。要对权力腐败真正起到有效的遏制作用，就必须提高对贪腐的惩处力度，也就是要提高腐败的成本代价，这是遏制贪腐蔓延的必要手段。

立法规范权力又集中体现为对权力行使者的行为规范，这些规范具体就包括：第一，要明确规定权力行使者的责任和义务，对他们应做什么或不应做什么要作出明确规定；第二，要明确界定和禁止利用职权非法获利的行为，任何公职人员除了可以领取法定的工资报酬外，不得进行权力寻租和钱权交易；第三，由于权力行使者的职权和职能具有特殊性，为了避免他们以权谋私，应规定权力行使者在供职于公职期间，不得兼任或担任其他职业；第四，在权力的运行过程中，如果涉及与权力直接行使者相关的亲属或社会关系，还应立法规定采取相应的回避原则；等等。总之，只有权力行使者的行为得到有效的规范与限制，才能保证权力的正确行使。

权力要通过立法化、法制化才具有合法性，而权力的行使又必须接受法律的规范与制约，才能确保其不会腐败变质，真正发挥其良好作用。权力必须遵循和服从法律的规范，这是依法治国理念的内在要求，因为“法治”的重点就是“以法制权”，而“以法制权”又首先要求对权力进行立法规范。“没有规矩，不成方圆”，立法规范权力才能使权力的行使有法可依，也才能使对权力的监督与制约有法可依。

2. 建立健全制约权力的法制体系

> 以法制权不仅需要对权力进行立法规范，还需要进一步建立健全制约权力的法制体系。制约权力的法制体系至少应包括：对权力本身进行规范的法律；有关权力监督的法律；对权力滥用与腐败进行惩处的法律。

将权力关进“制度笼子”里，这不仅需要对权力进行立法规范，还需要进一步建立健全制约权力的法制体系。就是说，为了达到以法制权的目的，除了需要对权力进行立法规范外，还需要进一步确保这些规范能够被遵守，这就要求建立起配套而完整的法制体系，其中包括对公权力进行监督并对腐败与侵权行为进行惩处的法律制度，来保证权力能够依法行使。换言之，对权力的制约是一个环环相连的系统，不是靠单一的立法规范就可以达成的，只有建立健全制约权力的法制体系，才能真正确保权力依法行使，有效防止权力的滥用与腐败。

具体来看，制约权力的法制体系至少应包括：其一，对权力本身进行规范的法律。法律对权力本身的规范就是指法律针对权力的主体、对象、职能、运行、特点等各方面进行的要求和规定，通过法律的明确规定性与强制性为权力的运行提供有力的支撑。其二，有关权力监督的法律。基于权力运行存在被滥用的可能性，对权力的监督成为一种必要，而欲实现对权力的有效监督则必须以法律作为其有力的支撑。换句话说，在实现对权力自身规定的同时，与之相对应的权力监督体系也应不断予以健全和完善，只有完善的法律监督体系才能保障法律对权力的规范性。例如，如何保障权力举报者的安全和利益，直接关系着普通民众对权力的监督情况，倘若举报者出于自身安全或其他客观因素的考虑而不敢或不愿对权力腐败者进行监督和举报，则所谓的权力监督也只能是形同虚设。其三，对权力滥用与腐败进行惩处的法律。一旦权力的行使者违背法律规范则必须接受来自法律的强制性惩罚，正是因为法律的这种惩戒性对权力的行使具有极强的约束力，所以，法律对权力滥用和腐败的惩处是从反面以确保权力的正当运行。如对权力滥用的界限应做明确的规定，对权力腐败的处罚也应合理分明，这是对权力滥用者及其腐败行为的警示。综上所述，实现对权力的有效制约需要法律对其的规范与保障，而健全的制约权力的法制体系是多方面的，需要我们不断予以建立和完善。

就我国目前已有的法律体系来看，已经从一定程度上形成了对权力的法律制约。例如，《公务员法》明确以法律形式规定了国家公务员的职责与义务，并且对公务员滥用权力的行为作了规范和要求；《行政诉讼法》《行政监察法》的颁布特别针对行政权力及行为的监督作出规定，极大地保障了权力运用的公正性和合理性。党的十八届四中全会又明确提出了建设中国特色社会主义法治体系、建设社会主义法治国家的总目标，并将对行政权力的规范与制约作为推行法治的重点领域。为此，四中全会强调要健全宪法实施和监督制度，完善全国人大及其常委会宪法监督制度，加快建设职能科学、权责法定、执法严明、公开公正、廉洁高效、守法诚信的法治政府；要全面推进政务公开，建立行政机关内部重大决策合法性审查机制，建立重大决策终身责任追究制度及责任倒查机制，建立领导干部干预司法活动、插手具体案件处理的记录、通报和责任追究制度等。这些制度的建立都旨在健全与完善权力制约的法制体系，这是我国社会主义政治文明建设的重要标志，也是坚持依法治国理念的重要体现。

但我们也要认识到，我们离真正建成完善的法制体系以对权力进行有效制约还有一段距离。从现有的制约公权力的法律制度体系来看，主要存在着这样两个问题：其一，对公权力运行的监督力度不够。由于权力公开制度具有局限性，导致对权力运行的监督无法有效落实；监督机构大多是由上级党委选派或党内人员构成，非党政人员尤其是普通群众往往只能站在权力监督体制的边缘，很大程度上无法保证对权力的真正有效监督。具体来说，如《关于领导干部报告个人重大事项的规定》的出台虽在一定程度上起到监督制约作用，但其仅仅只是局限于内部的监督，其实施力度极为有限；《政府信息公开条例》的实施对政务信息的公开具有重要意义，但由于公开机制尚不健全，与政务公开相应的运转、考核、奖惩等机制还未形成，致使政务公开工作在深度和广大上仍远远不够，部分地区政务公开流于形式或形如散沙，公开信息不能得到及时有效的更新，公开内容也只是罗列一些条条框框而无关痛痒。其二，对于公权力实施过程中的很多问题规定不明确甚至未作出规定。如“自由裁量权”的界定问题并未得到解决，对举报者的保护政策尚未出台，致使当前社会依然存在着权力滥用情况，腐败现象不断在遏制却依然层出不穷。诸如以上问题的存在，都需要健全的强有力的法律规范予以明确规定和必要的惩戒，以此约束、警示并制裁公权力行使中的各种违法行为。一个权力无法得到有效制约的社会不是法治的社会，一个没有形成健全法律体系的社会不是法治的社会，一个没有真正以法律至上为原则的社会不是法治的社会，在建立健全国家法律体系、实现中国特色社会主义法治国家的道路上还有很长的路要走，需要我们每一个人为之付出努力。

3. 以权力制约权力

以权力制约权力亦是实现对权力有效制约的重要途径和方法之一，目的就是要通过对权力的分散，以达至权力间的相互牵制和彼此监督。分权与制衡对防止独断专行和权力腐败都具有重要意义，但它必须以法治为前提才能达成以上作用。

对权力的制约除了要以法律约束作为最基本的手段外，还需要以权力制约权力，即要通过对权力的分散以达到一种相互牵制、彼此监督的目的，这也是实现对权力有效制约的重要途径和方法之一。洛克说过："在一切情况和条件下，对于滥用职权的强大的真正纠正办法，就是用权力对付权力。"[①] 孟德斯鸠也认为："从事物的性质来说，要防止滥用权力，就必须以权力制约权力。"

以权力制约权力的思想最早源于亚里士多德有关权力职能分工的理论，后经历了古希腊罗马时期、中世纪和文艺复兴的洗礼，逐渐形成了较为系统的权力制衡思想，孟德斯鸠就是其中最为典型的一位代表。孟德斯鸠主张，防止权力被滥用的最有效的办法就是用权力约束权力，即要建立一种能够以权力制约权力的政治体制。他认为，每一个国家都有三种权力：立法权力、行政权力和司法权力，要达到以权力制约权力的目的，就应实行立法权、司法权和行政权的适当分离，才能使它们之间形成一种相互制约的关系。[②] 因此，"分权"就是指三大政府权力在权力机构、权力职能、权力主体等基本要素方面的各自分立，"分权制衡"则是指它们三者在相互分离的基础上所形成的相互监督、相互制约。这里的关键和核心就在于，在三种权力各自分立的情况下，每个权力机构以及职能部

① ［英］洛克：《政府论》下，商务印书馆1986年，第95页。

② ［法］孟德斯鸠：《论法的精神》上，张雁深译，商务印书馆2005年，第185、197页。

门都能对其他权力机构及职能部门发挥一定的制约作用，不仅可以达到平衡与协调各权力机构关系的目的，而且更重要的是，它可以避免权力机构走向专断或腐败，从而有效杜绝权力腐败或专制集权的产生。

以权力制约权力，通过权力的分散与相互制约，能够有效避免专制集权的独断性，并促使决策的理性化与正当化。尽管权力集中在某种程度上会提高行政效率，但这种“高效率”只能是暂时的、短期的，从长远来看，只有实现权力的相互制约，才能最大可能地避免独断的甚至是盲目的非理性决策。与此同时，权力的相互制约机制还具有及时的纠错功能，当权力在行使过程中出现失误或错误时，权力的分散与制衡能够避免错误的行为走向极端以至最终酿成严重后果。综上所述，权力对权力的约束使得决策的正当性更具有保障，这就避免了错误决策所导致的走弯路和时机延误，因此从长远来看，实行权力间的相互制衡才更有利于提高行政效率。也就是说，权力的相互制衡能够有效保障权力的合理、合法运行，从而保证了政府权力运行的合理、正当与高效。

权力的分散和相互制衡，还对防止权力腐败起着很大的作用。权力腐败、以权谋私和权力寻租的盛行，都跟掌权者权力过大、过于集中有着密切的关系。相对而言，权力制衡能够在一定程度上有效地发挥权力的正当作用，从而防止权力的负面影响，这种影响作用主要表现为两个方面：一方面，权力的分散和相互制衡避免了由行使者权力过大而造成的权力集中与集权统治。当“一把手”的权力过于强大时，这种权力则蕴含着一种“权威”，进而使得拥有强大权力者成为权威的“代言人”，在长期“优越性”的影响下，人之私欲和贪念很容易萌芽和膨胀，随之而来的就是利用职位之便利而谋取私利，由此带来权力的滥用与腐败。另一方面，权力的分散和相互制衡增强了对权力行使的监督力度而降低了权力滥用的可能性。分散的权力意味着权力的行使和运作来自多方的利益考量，而各方的权力行使使得公权力运作很难偏向某一方，以此形成一种多方权力的相互制衡；在各方权力彼此牵制的同时，实则实现的是一种相互监督和彼此约束。很显然，当权力的行使面对来自多方的监督时，也即意味着增加了因权力滥用而带来的风险性，或者说，有力的监督减小了权力被滥用的可能性甚至是不为权力的滥用提供可能性，以此来保障权力的合理性与正当性。

以权力制约权力有多种形式。西方的分权制衡是其中一种，而不同的西方国家又有不同的具体实施方式。如美国实行以总统为中心的三权分立制：国会掌握立法权、制定法律，由选民直接选举产生，不受行政机关的干预；总统掌握行政权、实施法律、组织政府，由选民间接选举产生，不对国会负责；联邦法院掌握司法权、审查法律，最高法院有终审权和违宪审查权，联邦法院法官均由总统征得参议院同意后任命。而英国采取责任内阁制，即以议会为权力核心，行政系统受议会的节制，行政权和立法权合一，政府（内阁）则对议会负责；上议院是英国最高司法机关，下议院行使立法权、财政权和行政监督权。

在我国，权力制约权力的形式主要表现为人民代表大会对国家行政机关、审判机关、检察机关的任免和监督。国家行政机关、审判机关、检察机关都由人民代表大会产生，对它负责，受它监督和制约。人民代表大会通过行使立法权、监督权、任免权、决定权等权力对行政机关和司法机关进行监督和制约。比如，人大通过检查行政工作、听取和审议政府工作报告、质询政府工作等，对政府进行监督，并有权对同级政府违法违规的行政人员进行撤换和罢免。权力制约权力的形式还表现为行政监督。这主要是行政监察机关依法对行政机关的行政行为、行政人员及由国家行政机关任命的国有企事业单位领导干部的职务行为和相关个人行为所实施的监督，上级行政机关对下级行政机关、行政机关对其内设机构依据行政权力隶属关系所实施的监督。

实践证明，权力滥用与政府部门拥有的权力大小以及直接干预微观经济的程度密切相关，在那些掌握大量公共资源和稀缺资源且行政权力干预较深的领域，往往会产生腐败。因此，我国在政府内部权力的分散和制约方面，还要进一步优化政府机构设置和职能配置，将权力过于集中的关键部门和重点岗位，按照健全科学权力结构的要求，推进决策权、执行权、监督权适度分解与制衡，形成既相互制约又相互协调的权力架构。大力推进分事行权，将重点人物的权力科学分解到多个成员，改变个人说了算的权力结构，探索“一把手”不直接分管行政审批、财务、工程招标等做法，推动管理决策和资源配置规范化。大力推进分岗设权、分级授权，将重点岗位的权力科学分解到多个岗位、多个层级。对财政资金分配使用、国有资产监管、政府投资、政府采购、公共资源转让、公共工程建设等权力集中的部门和岗位实行分事行权、分岗设权、分级授权，定期轮岗，强化内部流程控制，防止权力滥用。

尽管分权与制衡具有非常重要的作用，但它也不是万能的，也存在着自身的局限性。从分权与制衡的历史实践与现实状况来看，分权与制衡必须在法治的框架下运行才能发挥其良好作用，离开了法治框架的分权，则可能导致权力的部门化、集团化，各权力主体为了自身利益而相互推诿责任，甚至相互设置障碍，从而形成不正当的权力竞争。可见分权与制衡实际上有两种潜在的可能性，要么是起到了防止独断专行与腐败的好作用，要么是导致权力间相互打架、恶性竞争的坏作用。只有法律的规范与约束才是对权力最根本和最有效的制约，在法律约束下，才能将各权力主体的行为控制在合理正当的范围内，权力才不会异化为谋私工具，而分权与制衡的积极作用也才能真正发挥出来。

五　让权力在阳光下运作

让权力在阳光下运作，即将权力置于公众的监督之下，是对权力监督和制约的又一不容忽视且不能忽视的重要手段。“阳光”就是一种公开性、透明性，就是指实现公众对权力的监督与制约，倘若没有这种对权力的制衡力量，则权力亦将无法正常而有效地运作。公众对权力的监督离不开对权力的认识与评判，实现公众对权力的监督与权力的公开程度紧密相连；也就是说，权力的公开化、透明化是实现公共监督的前提条件，倘若没有公共事务的公开化和透明化，那么所谓的对权力的公共监督也将无从谈起。

1. 公共事务的公开化、透明化

> “公共事务”的本质在于“公共性”，既然是为公众普遍所拥有的，则其本身即蕴含着一种“公开性”；也就是说，公共事务的“公共性”体现为一种公开化、透明化。反过来，正是基于这种“公开”与“透明”才使得公共事务具有了其存在的合理性根据。

我们讲“公共事务”要公开化、透明化，这里应怎样来界定“公共事务”呢？“公共事务”之关键在于“公共”二字。所谓“公共”即指所涉及的利益具有某种共同性或相通性，它应当是伴随着社会的不断进步与发展并在此进程中与国家、集体、个人之共同利益密切相关的社会性事务。

公共事务的产生源于社会及其成员共同的需求，其发展变化根源于全社会公共需求的发展变化，简言之，公共事务的最大特点在于“公共”即“公共性”。公共事务的公共性主要可以从三个方面来理解：其一，公共事务不具有排他性或特殊性，它所强调的是全社会及其成员之普遍具有的一般性与共同性；与此同时，这种非排他性亦决定了公共事务的不可分割性，它是全体社会成员所共同享有的共同权利和利益。其二，公共事务的承担者应该是政府，政府承担公共事务之责任应当是无偿的或者说是无利可图的；换句话说，公共事务所包含的公共物品、公共服务等内容不可能也不能通过市场进行交易来获得。其三，任何社会组织以及每一个社会成员都可以（或有可能性或必然性）参与到社会公共事务之中，而公共事务的成果又应给予每一位社会成员以共同分享，这是一种普遍获益的形式而绝非只有某个人或某些人才能享有。基于此，公共事务既包括像国防建设、道路桥梁建设、水电工程、科技教育等关系国计民生的“大事务”，也包括扶贫济困、孤儿老人的帮助等关系着特殊群体的“小事务”；既有大量的像饮水、照明、垃圾回收、卫生防疫等日常性公共事务，也有一些由于自然灾害等无法预料的因素而产生的突发性事件。我们可以看到，凡是公共事务都事关着国家、集体和个体的共同利益和福祉，因此并没有轻重大小之分；公共事务的主要特征在于其公共性，而公共性则应蕴含着公开性、透明性。

作为整体（或集体）共有的公共性，其本身即包含公开之意；“公共性”在另一方面亦有“关心”之意，即人与人之间在工作、交往中的相互照顾和关心的一种状态。[①] 因此，只有彼此相互了解或对某一事物有深入的认识之后，才会产生“关心”的初衷；也就是说，当公众对公共事务、对权力的行使毫无了解时，也就更谈不上对其的重视与监督了。因此，公开化、透明化是对权力（公共事务、公共权力）实现监督的内在要求，同时亦是衡量对权力监督实现程度的外在尺度。通过对公共事务的理解，公共性是其本质属性，而公开化、透明化则应是对公共事务本质的揭示和表达。一方面，公共性蕴含着公开透明之要义，所以公开化、透明化是公共事务的内在价值。公共事务所面对的群体是全社会成员，其履行的程度与实现程度的好坏直接关系着每一个社会成员的利益如何；所以，监督权力的行使并保证权力的有效运作是全体社会成员共同的要求和权利。另一方面，公开性、透明化是衡量公共事务实现程度的标准（外在尺度），它因公共性而成为可能，又为公共性的实

---

① 赵大全：《公共财政的公共性与透明度问题研究》，《财政部财政科学研究所》2011 年，第 25 页。

现提供了可能。康德将公共性原则界定为检验准则正当与否的标准，“凡是关系到别人权利的行为而其准则与公共性不能一致，都是不正义的”，“凡是与公共性相容的原则就都是正义的，因为具有最高决定权力的人无须隐瞒自己的准则”。[①] 公开化、透明化的实质是对诸多不确定性的否定或消除，这里所特指的是关于公共事务信息的公开程度；或者说，所谓公共事务的公开化、透明化，其最基本的要求应该具备及时性、准确性、可信赖性等特点。

由此来看，公共性的实现以公开性为前提条件，而公开化、透明化又因具有公共性而成为可能。凡是进入公共场合或公共空间的事务即应具有可见性、公开性，而各种公共利益之间又具有紧密关联性，凡是与公众利益相关的都应向公众公开化、透明化。只有在权力运作过程中保证其公正、公平、公开性，也就是权力的行使者、权力运行的过程以及权力产生的后果都应在公众的广泛监督下展开，才能有效地防止和避免权力运行中的主观性甚至随意性，以使“权力”对于每一个个体而言不再隐蔽和神秘，这也是遏制权力滥用与腐败的关键所在。

让权力在阳光下运作，权力的公开化、透明化具有重要现实意义，从具体对权力监督的途径和主体来看，则必须落实公众监督和舆论监督两个基本环节；简单来讲，社会团体、公民个人以及新闻媒体等都是行使权力监督的不可缺少的组成部分。

2. 社会团体对权力的监督

> 社会团体作为连接社会与个体的“桥梁”，对权力的监督作用具有其特殊的优越性，应充分重视社会团体这支重要的社会力量。

① ［德］康德：《历史理性批判文集》，商务印书馆1996年，第142页。

社会团体是各种群众性组织的总称，亦即除了国家机关、武装力量、政党、企事业单位之外的团体组织的总称[①]。应该说它是执行某种社会职能的相对独立的组织，是由公民自愿组成而为了达致某种共同目标所形成的非政府性、非营利性的组织。作为当代中国政治生活的重要组成部分，社会团体在国家与社会之间往往起着一种“桥梁”或“中介”的作用，它通过关心国家对社会的管理而积极地投入并参与到社会事务之中，从而在某种程度上影响着政府或国家的活动。也就是说，社会团体的存在与发展既避免了国家与社会的分离，同时也为实现个体对权力的监督与制约提供了可能性。

社会团体在社会公共事务管理中的作用主要体现为四个方面：其一，社会团体主要以团体的形式将社会某一阶层或某一部分具有共同愿望的公民集合起来，从而便于社团组织的引导与教育，通过这种方式可以有效地将诸多分散的力量团结起来，也可以将各种分散的负面的情绪加以化解，由此维护社会的稳定健康发展；其二，社会团体中的每个成员能够广泛地参与到社会的政治、经济、文化生活之中，从而更好地参与到社会民主监督与管理事务之中；其三，对于一个相对独立的组织而言，他们拥有自己的规章制度和办事章程，从而有利于对其成员进行相关的教育以提高他们的思想觉悟与各方面素质；其四，社会团体化解矛盾、解决问题的主要方式是通过民主协商、沟通交流、劝说引导等，以最终达到彼此谅解或认识的一致，从而调节团体内部成员的矛盾与冲突，一定程度上也有利于维持社会稳定。

我国社会团体的活动领域十分广泛，其组织性质、成立目标、活动宗旨等各方面均不尽相同，然而作为当今社会治理的一支基本力量，它们是联结党和政府与广大人民群众之间重要的纽带和桥梁；它们利用自身所具有的独特优势（组织自身优势与社会地位）

---

① 《现代汉语词典》。

行使着广泛的社会职能，甚至代行了政府的某些职能。具体到社会团体对权力的监督作用这一方面，我国的主要社会团体包括工会、共青团、妇联、红十字协会、居委会等，它们在展开各自工作的过程中自觉或不自觉地会参与到公共事务的管理中，其中对行政机关及其工作人员的行为活动起到监督和促进作用。由于社会团体并不属于国家机关体系，它们代表的是某些特定集体、阶层的利益需求，其中包含了经济、政治、文化、社会各方面利益，由此对党和政府在公共事务管理、行政执法能力方面的工作产生特殊的、有力的约束和监督作用，在客观上形成了一种新的权力监督机制。基于社会团体的性质与类型各不相同，它们对权力的监督形式也是多种多样的，既可以通过口头或书面形式直接行使监督权利，也可以从人民的来信来访中发现问题、找出问题并解决问题，还能够利用报刊、广播电视、信息网络等方式提出问题、反映问题。

事实上，除了社会团体对权力的监督具有不可替代的特殊作用之外，我们国家已越来越重视公民个人在对权力监督过程中所具有的地位与作用。

3. 社会个体对权力的监督

> 权力的运行绝不是一种“高高在上”的存在，它与每一位社会公民的利益都息息相关，不论这种影响是直接的还是间接的，作为公民个体而言，他们有责任也有义务对权力的运行进行合法的监督；在实现权力制约的过程中，不仅不能忽视公民个体的作用，相反应充分调动其关心并参与政治生活的积极性。

当今许多发达国家已经把公共事务管理改革作为政府的优先目标之一，将公众在公共事务管理中的地位以及参与程度作为衡量社会民主文明进步的尺度。

公共事务之公共性关涉着的是公共利益，是关系着每一位社会成员切身利益的东西，因为这种“息息相关”而使得每个人都具有了参与公共事务管理的潜在可能性。就目前公民个人对权力监督权的行使来看，中西方仍存在着较大的差异。西方的宪法赋予公民个人对行政执法行为有监督权，当代社会公民对权力的监督一般是在其政治参与过程中完成的，他们通过不同的方式与途径参与政治生活，（如英国的“诉怨窗口”和各类监督专员，日本的行政相谈或行政对话，法国的行政调解专员，美国的检举制度以及某些国家或地区开展的廉洁运动、廉政风暴、净手运动等都很有特色[①]）无处不体现着公民对公共权力的监督。在我国，随着市场经济的不断发展，对个体主体地位的强调以及对个体权利的重视已逐渐成为必然趋势；也就是说，我国公民对个体权利的诉求亦愈来愈强烈，对自身权利和利益的维护愈来愈关心，由此公民个体权利意识不断增强。我国宪法同样赋予了公民个人对权力的监督权利，其中主要指公民对行政机关及其工作人员行政执法行为的监督权利。

实现公民个体对权力的监督，在鼓励维护个人权利的基础上努力唤醒公众对个体权利的重视与尊重，由此激发出广大公民的潜在政治参与热情与动机。这里我们为什么要强调个体对权力监督的重要性呢？一方面，全社会各行各业中汇集了各界的学者精英，他们对于各种公共事务的处理特别是紧急突发性事件的处理往往具有更多的、更适合的解决方案和途径，每个人身上都有自己独特的优势所在，只有每个人真正参与到社会公共事务的管理与执行之中，从而切实监督公共权力的行使和运作过程，以此来弥补政府在公共事务管理中的问题或不足。另一方面，中国传统思想观念中很少有对“权利”的强调，加之在个人利益与集体利益之间我们更加强调集体利益高于个人利益的思想，由此导致我们的权利意识淡薄，特别是长期以来对个人权利的忽视，这样的思想严重影响着个体对权力

---

① 尤光付：《中外监督制度比较》，商务印书馆2003年，第353页。

的监督权的行使。事实上，对个体权利的重视与尊重是对一切权利尊重的基础，倘若没有对自身权利的关心与尊重，又谈何关心且尊重他人乃至整个社会的利益呢？

社会团体和公民个人对权力的运作发挥着重要的监督与支持作用，他们的参与程度以及监督力度从某一方面反映了一个国家依法行政的实现程度；除此之外，新闻媒体对权力运作的影响即监督作用亦不容忽视。

4. 新闻媒体对权力的监督

> 新闻媒体对权力的监督作用及其产生的效果已越来越得到公众的重视与认可，特别是新媒体的出现与发展，为权力监督的途径和方式提供了更多的可能性，因其所具有的广泛性、实效性、便利性等特点，使得权力的运行更大程度地暴露于公众的视野之中，从而更好地实现对权力的监督。

确保权力在阳光下运作，离不开新闻媒体对权力的监督作用。新闻媒体来自于国家政治体制之外，但其对权力监督的影响力却愈加突出，被称为是行政、立法、司法之外的“第四种权力”。作为一种“社会权力”，它是人们发表意见、提出建议、讨论交流的一个理想的“公共平台”，承载着一种强烈的社会责任与使命，对于公权力的监督与制约有着其特有的优越性。基于此，新闻媒体的监督是一种对现实政治权力监督体系（包括法律监督、权力监督等）的必要补充，同时又反过来有效地促进了权力监督体系的日益完善，伴随着社会科技的不断发展进步，它对于权力监督之特殊性与优越性将愈加得以体现。

新闻媒体对权力的监督作用主要体现为其自身所具有的四大特点。首先，新闻媒体监督的主体与客体具有广泛性，其中涵盖了社会的各个阶层、各个团体组织及公民个体，它不仅仅是代表某一群体或某些人的利益，而且也是站在一个客观的角度以公共利益为出发点，由此而具有广泛的权力监督主体与客体。其次，新闻媒体对权力的监督方式具有公开性、透明性，这是由新闻媒介和舆论本身的公共性、公开性决定的；新闻媒体的宣传与报道必须以真实性为前提，其所有报道所谈及的对象（包括主体和客体）、涉及的内容都将毫无保留地置于公众面前，因此新闻媒体应该也必须以真实性作为前提和保障。这也就是说，经过新闻媒体的报道与说明，很容易引起广大观众的关注与讨论，只有人人知晓且对事件结果尤为关心之时，才会自觉或不自觉地形成一种开放式的个体对权力监督模式。再次，新闻媒体对权力的监督要求具有实效性、及时性。新闻媒体的传播媒介是大众网络传播媒体，此种方式的监督更具有直接性与实效性，监督意见的表达实效超过其他任何监督方式。特别是以“新媒体”（指在先进的技术支撑体系下出现的诸如数字杂志、数字报纸、移动电视和网络、桌面视窗、触摸媒体等传播媒介）为代表的传播方式，更是使得人们在不经意间、随时随地都能获取信息和资源，极大地提高了信息的传播速度并扩大了信息的传播效果。基于此方式，新闻媒体监督往往会对社会形成某种直接或间接的舆论压力，同时很容易甚至会立即产生某种社会效应，其监督反映速度之快不可估量，有时甚至可以实现同步。最后，新闻媒体对权力监督的效果具有威慑性，由于新闻媒体是一种公开的社会性报道，它会受到全社会公众的集体关注与监督，特别是一种出自道义性的情感的监督，这种无形的舆论压力将使权力的执行者产生一种潜在的畏惧感或在某种程度上起到一定的自我心理警示作用。

通过上述特点可以得出，新闻媒体监督的形式主要体现为一种道德或舆论的谴责以及来自社会普遍的引导和劝诫，它实际上代表的是社会公众的共同意志，因而具有极强的影响力和权威性。一方面，新闻媒体对权力的监督起着监视作用，它以公众的反映、讨论或评价、判断作为表达方式，总是能够率先抓住问题的关键所在；揭露是为了推动，批判是为了建设，否定是为了肯定　　这是新闻媒体监督功能之意义所在。另一方面，新闻媒体对权力的监督有着社会制衡功能，主要体现为新闻媒体对社会权威和权力的设限与抗衡，没有对权力的设限与抗衡，其最终的结果将很可能导致权力的腐败。因此，新闻媒体监督就其本质而言其实就是人民群众通过这一途径对国家事务和社会公共事务进行的监督，其对权力的监督和约束作用已经越来越受到人们的关注和重视，它的重要性与必要性亦将日益突显出来。

综上所述，让权力在阳光下运作，让权力的运行真正做到公开化、透明化，离不开社会团体、社会个人以及新闻媒体对权力的监督；反过来，也只有将社会公共事务充分公开暴露于公众的监督视野之中，才能真正使得权力的行使不会离开公众的关注与监督，从而切实充分地保障权力在阳光下运作。